Souheib Yousfi

Conception de protocoles de vote électronique

Souheib Yousfi

Conception de protocoles de vote électronique

Presses Académiques Francophones

Mentions légales / Imprint (applicable pour l'Allemagne seulement / only for Germany)
Information bibliographique publiée par la Deutsche Nationalbibliothek: La Deutsche Nationalbibliothek inscrit cette publication à la Deutsche Nationalbibliografie; des données bibliographiques détaillées sont disponibles sur internet à l'adresse http://dnb.d-nb.de.
Toutes marques et noms de produits mentionnés dans ce livre demeurent sous la protection des marques, des marques déposées et des brevets, et sont des marques ou des marques déposées de leurs détenteurs respectifs. L'utilisation des marques, noms de produits, noms communs, noms commerciaux, descriptions de produits, etc, même sans qu'ils soient mentionnés de façon particulière dans ce livre ne signifie en aucune façon que ces noms peuvent être utilisés sans restriction à l'égard de la législation pour la protection des marques et des marques déposées et pourraient donc être utilisés par quiconque.

Photo de la couverture: www.ingimage.com

Editeur: Presses Académiques Francophones est une marque déposée de
Südwestdeutscher Verlag für Hochschulschriften GmbH & Co. KG
Heinrich-Böcking-Str. 6-8, 66121 Sarrebruck, Allemagne
Téléphone +49 681 37 20 271-1, Fax +49 681 37 20 271-0
Email: info@presses-academiques.com

Produit en Allemagne:
Schaltungsdienst Lange o.H.G., Berlin
Books on Demand GmbH, Norderstedt
Reha GmbH, Saarbrücken
Amazon Distribution GmbH, Leipzig
ISBN: 978-3-8381-8865-2

Imprint (only for USA, GB)
Bibliographic information published by the Deutsche Nationalbibliothek: The Deutsche Nationalbibliothek lists this publication in the Deutsche Nationalbibliografie; detailed bibliographic data are available in the Internet at http://dnb.d-nb.de.
Any brand names and product names mentioned in this book are subject to trademark, brand or patent protection and are trademarks or registered trademarks of their respective holders. The use of brand names, product names, common names, trade names, product descriptions etc. even without a particular marking in this works is in no way to be construed to mean that such names may be regarded as unrestricted in respect of trademark and brand protection legislation and could thus be used by anyone.

Cover image: www.ingimage.com

Publisher: Presses Académiques Francophones is an imprint of the publishing house
Südwestdeutscher Verlag für Hochschulschriften GmbH & Co. KG
Heinrich-Böcking-Str. 6-8, 66121 Saarbrücken, Germany
Phone +49 681 37 20 271-1, Fax +49 681 37 20 271-0
Email: info@presses-academiques.com

Printed in the U.S.A.
Printed in the U.K. by (see last page)
ISBN: 978-3-8381-8865-2

UNIVERSITE DE TUNIS EL MANAR
École Nationale d'Ingénieurs de Tunis

Thèse de doctorat en Télécommunications

YOUSFI SOUHEIB

CONCEPTION DE PROTOCOLES DE VOTE ÉLECTRONIQUE

Juin 2011

Encadreurs :

Mr ROBBANA RIADH, Professeur en Informatique
à l'Institut National des Sciences Appliquées et de Technologie

Mme BEN RAJEB NARJES, Maître de Conférences en Informatique
à l'Institut National des Sciences Appliquées et de Technologie

Année universitaire 2010/2011

Table des matières

Table des figures

Introduction générale

Le vote électronique, ou le e-voting, présente de nombreux avantages par rapport au vote traditionnel. En effet, il facilite considérablement l'opération de vote puisque les électeurs peuvent voter de n'importe quel endroit. Par conséquent, le taux d'abstentionnistes devient beaucoup plus réduit. D'un autre côté, le dépouillement automatisé des bulletins de vote est plus rapide que dans le cas du vote traditionnel où le comptage se fait manuellement et peut aussi être facilement sujet à des erreurs.

Enfin, le e-voting réduit les coûts d'organisation d'élection puisqu'il élimine les dépenses associées à l'établissement des bureaux de vote et du personnel requis.

Cependant, afin de pouvoir bénéficier de ces avantages, un système de e-voting doit satisfaire des exigences cruciales de sécurité. Ainsi, il est primordial d'assurer, lors d'une élection, l'impossibilité d'établir un lien entre un votant et son bulletin de vote, sinon, l'anonymat des électeurs serait compromis. Aussi, il est fondamentale qu'un électeur puisse voter sous la pression d'une tierce personne, particulièrement s'il s'agit d'un vote à distance utilisant internet. De même, faudrait-il assurer qu'un électeur ne peut en aucun cas prouver à une tierce personne ce qu'il a voté, car sinon, cela favoriserait la vente des votes.

L'instauration d'une confiance des électeurs dans le système de e-voting est également importante. Un votant devrait pouvoir être sûr que son bulletin ainsi que ceux de tous les autres électeurs aient été bien pris en compte. Cette situation est analogue à la participation d'observateurs aux différentes étapes du vote traditionnel.

Une autre condition à garantir dans un processus de e-voting est l'impossibilité d'obtenir des résultats partiels avant la fin des élections, car, dans le cas contraire cela pourrait influencer les électeurs qui n'ont pas encore voté.

La problématique du e-voting apparaît alors très complexe malgré son attrait de par sa simplicité d'utilisation. Plusieurs systèmes de e-voting ont été proposés et même expérimentés, mais la plupart ne sont pas fiables car ils ne satisfont pas certaines exigences fondamentales de sécurité.

L'objectif de cette thèse est de proposer des techniques et des protocoles de vote électronique qui remédient à certaines failles de sécurité dans des protocoles existants.

Dans un premier temps, nous nous penchons sur la propriété d'anonymat qui exprime l'impossibilité de faire le lien entre un votant et son vote. Nous considérons les réseaux de mélangeurs, technique très utilisée dans le e-voting, permettant de brasser les bulletins de vote dans le but de dissiper tout lien avec les votants. Cependant, ces réseaux de mélangeurs peuvent être la cible d'attaques compromettant l'anonymat des votants. Nous proposons un schéma de mélange de messages dans les réseaux de mélangeurs remédiant à ces attaques[89][90][88].

La cryptographie elliptique[55] représente une alternative intéressante aux serveurs de mélangeurs qui sont réputés être lourds. Nous considérons alors un protocole de e-voting à distance basé sur la cryptographie elliptique. D'une part, nous y introduisons des améliorations notamment en proposant une technique pour l'enregistrement des votants[91]. D'autre part, nous exploitons les propriétés d'homomorphisme de la cryptographie elliptique afin de vérifier la prise en compte de tous les bulletins des votants lors du comptage[87].

Un grand intérêt est particulièrement accordé aux protocoles de e-voting à distance car ils procurent beaucoup de facilité, en permettant de voter, par exemple, à partir d'internet. Mais faudrait-il assurer que tout votant peut voter sans crainte d'une menace. Cette propriété est la résistance à la coercition.

Nous étudions des protocoles connus dans la littérature comme étant résistants à la coercition. Cependant, nous exhibons des attaques compromettant cette propriété. Nous proposons un nouveau protocole de vote à distance diminuant la complexité des protocoles existants comme JCJ[53], et prouvons qu'il garantit la propriété de la résistance à la coercition[6].

Le plan de ce mémoire s'articule autour de cinq chapitres : Dans le premier chapitre, nous présentons l'état de l'art des protocoles de vote électronique. Dans le deuxième chapitre, nous décrivons une nouvelle méthode de réseau de mélangeurs qui garantit la propriété d'anonymat et qui réduit la probabilité des attaques existantes dans les réseaux de mélangeurs existants. Dans le troisième chapitre, nous exposons notre protocole de vote électronique existant basé sur la cryptographie elliptique. Dans le quatrième chapitre, nous montrons la défaillance de quelques protocoles de vote réputés résistants à la coercition, et nous proposons un nouveau protocole de vote sécurisé et efficace. Enfin, dans le dernier chapitre, nous présentons une conclusion générale et quelques perspectives de nos travaux.

Chapitre 1

État de l'art sur les protocoles de vote électronique

Sommaire

Introduction

L'expansion rapide du Web a permis le développement d'un grand nombre d'applications que l'utilisateur peut exécuter à distance sans se déplacer physiquement. L'une des applications qui devrait profiter actuellement de cette expansion est le vote électronique. Celui-ci ne nécessite donc pas le déplacement de tous les participants. En outre, il présente d'autres avantages comme la simplicité du processus, la réduction d'organisation due à l'élimination des dépenses associées à l'établissement des bureaux de vote et de personnel qu'ils requièrent et le dépouillement automatisé, donc, plus fiable et plus rapide.

Dans ce chapitre, nous présentons d'abord les principales primitives cryptographiques utilisées dans les protocoles de vote électronique. Ensuite, nous décrivons les techniques spécifiques pour ces protocoles. Nous exposons par la suite, le principe général d'un système de vote électronique ainsi que les propriétés de sécurité qu'il doit vérifier. Enfin, à la dernière section de ce chapitre, nous présentons quelques exemples connus de protocoles de vote électronique.

1.1 Primitives cryptographiques

Cette section vise à définir les principales primitives cryptographiques dont nous nous servons par la suite.

1.1.1 Cryptosystèmes

Un cryptosystème est un procédé cryptographique offrant un service de communication confidentielle à deux entités[63][75][83][29]. Soient deux acteurs A et B, qui doivent au préalable s'entendre à l'abri des intrus (des oreilles indiscrètes), sur une paire de clés. Pour envoyer un message m à B, A le chiffre à l'aide d'une fonction de chiffrement $E(m)$, obtenant ainsi le message chiffré c, qu'il transmet à B. Celui-ci déchiffre alors c en utilisant la fonction de déchiffrement $D()$ complémentaire de $E()$, récupérant ainsi le message m en clair : $D(E(m)) = m$. Il est difficile de déterminer le message m en clair si l'on ne dispose que du message chiffré c, sans avoir accès aux clés.

1. **Cryptosystèmes à clé publique :** Un cryptosystème à clé publique (voir figure 1.1), dit aussi cryptosystème à chiffrement asymétrique, repose sur une idée simple : chaque agent possède une paire de clés complémentaires, la première, la clé privée (notée $K_{priv}(A)$) est gardée par son propriétaire (A), alors que la seconde, la clé publique (notée $K_{pub}(A)$), est diffusée par exemple sur un annuaire électronique[67][34][68].

   Le cryptosystème à clé publique permet d'une part l'échange de la clé publique à travers un canal non sécurisé, et d'autre part, ne nécessite qu'une seule clé par participant : à n participants correspondent n clés. Une analogie de fonctionnement du cryptosystème à clé publique revient à considérer la clé publique comme un cadenas ouvert à disposition de tous les agents, et la clé privée comme étant la clé de ce même cadenas. Sécuriser un message en clair à destination d'un agent consiste à se procurer la clé publique de cet agent (cadenas) et de chiffrer le message (en fermant le cadenas). Seul cet agent, à qui le message chiffré est destiné, sera capable de le déchiffrer puisque lui seul possède la clé privée (la clé du cadenas).

   Nous illustrons ci-dessous par un exemple, le cryptosystème d'ElGamal[34], certainement le plus connu et le plus utilisé des chiffrements asymétriques probabilistes.

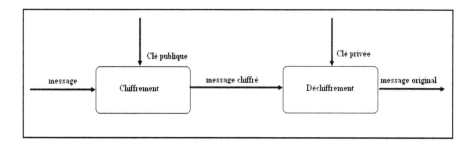

FIGURE 1.1 – Cryptosystème à clé publique

Le cryptosystème d'ElGamal : En 1985, ElGamal invente une technique de chiffrement asymétrique probabiliste[34], c'est à dire qu'un message m peut avoir plusieurs chiffrés différents. Ce cryptosystème est basé sur la difficulté du problème des logarithmes discrets provenant de la théorie des nombres : Á partir de $y = g^x$ $mod\ p$, il est difficile de retrouver x, tel que $x = log_g y\ mod\ p$, où p un grand nombre premier et $g^x\ mod\ p$ dénote le générateur g à la puissance x modulo p.

Le principe du cryptosystème d'ElGamal peut être résumé comme suit :

Considérons deux interlocuteurs A et B, deux grands nombres premiers q et p tel que $p = 2q+1$, G_q un sous groupe cyclique de Z_p^* d'ordre q où $Z_p^* = \{\bar{1}, \bar{2}, \bar{3}, ..., \overline{p-1}\}$ (où $\bar{x}$ désigne la classe d'équivalence x modulo p) et g un générateur du groupe cyclique G_q c'est-à-dire $G_q = \{g_0, g_1, g_2, ..., g_{q-1}\}$, avec $g_q = g_0$, où g_0 représente l'élément neutre du sous groupe cyclique G_q muni de la loi de composition. Le destinataire B possède une clé secrète $x \in Z_q$ et une clé publique $y = g^x$ mod p.

L'expéditeur A veut communiquer un message $m \in G_q$ à un destinataire B. Pour sécuriser la communication, A doit chiffrer le message m par la fonction de chiffrement $E_{(g,y)}$. Á cet effet, il choisit d'abord un entier relatif aléatoire $r \in Z_q$. Ensuite, il calcule : $u = g^r\ mod\ p$ et $v = y^r.m\ mod\ p$.

Puis, il envoie le couple $(u, v) = E_{(g,y)}(m)$ à B.

Un attaquant éventuel, pour pouvoir retrouver le message m, doit découvrir r afin de calculer y^r mod p. Il est confronté alors au problème du logarithme discret.

Pour déchiffrer le message m, B utilise la fonction de déchiffrement $D(\ )$ comme suit :

$$D_x(u,v) = \frac{v}{u^x} = \frac{y^r m}{g^{xr}} = \frac{y^r m}{y^r} = m,$$

Nous remarquons que le message m peut avoir plusieurs chiffrés selon le choix du nombre aléatoire $r \in Z_q$. Lors du déchiffrement, il suffit d'avoir la clé secrète x pour avoir le message m en clair.

2. **Cryptosystèmes à clé secrète :** Un cryptosystème à clé secrète (voir figure 1.2), dit aussi cryptosystème à chiffrement symétrique, repose sur le partage entre deux agents A et B en communication, d'une même clé secrète utilisée à la fois pour le chiffrement d'un message m et son déchiffrement. L'avantage de ce cryptosystème se situe au niveau de la rapidité des étapes de chiffrement et de déchiffrement. Par contre, les inconvénients du système résident dans la distribution des clés et le nombre de clés utilisées, qui augmente avec le nombre n de participants selon la formule $n \times (n-1)/2$. S'il faut une seule clé pour assurer la communication entre deux agents, il en faut 10 pour 5 agents[75].

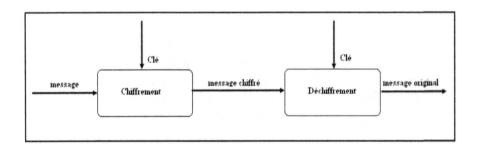

FIGURE 1.2 – Cryptosystème à clé secrète

Le cryptosystème asymétrique et le cryptosystème symétrique sont complémentaires et omniprésents dans les protocoles cryptographiques modernes.

Le cryptosystème à clé secrète utilise des clés de tailles plus petites qu'un cryptosystème à clé publique. L'avantage du cryptosystème à clé secrète est qu'il est plus rapide que le cryptosystème à clé publique. Son inconvénient est qu'il faut gérer la distribution d'un grand nombre de clés. De plus, la divulgation d'une clé aura de graves répercussions sur la sécurité de la communication.

On peut aussi combiner les méthodes du cryptosystème à clé secrète et celui à clé publique, avec pour but, le cumul de leurs avantages. Le message est chiffré avec une clé secrète (chiffrement symétrique) et la clé secrète est elle-même chiffrée avec la clé publique du destinataire (chiffrement asymétrique).

Á la réception du message, le destinataire utilise sa clé privée pour déchiffrer la clé secrète et ensuite cette clé secrète pour déchiffrer le message[50].

3. **Cryptosystèmes à base de courbe elliptique :** La cryptographie elliptique s'est développée à la fin des années 80, après les travaux de Miller [58] et de Koblitz [55]. Le principal intérêt du chiffrement par courbe elliptique est de procurer un niveau de sécurité équivalent ou supérieur aux autres méthodes, tout en ayant des tailles de clés inférieures.

Dans le groupe associé à une courbe elliptique, le problème du logarithme discret est considéré comme difficile. Donnons l'exemple de l'échange de clés du protocole de Diffie-Hellman[49], qui peut être défini sur une courbe elliptique. Soient A et B deux agents. Ils se mettent d'accord publiquement sur une courbe elliptique $E(a,b,p)$, c'est-à-dire, ils choisissent une courbe elliptique d'equation : $y^2 = x^3 + ax + b$ mod p. Ils se mettent aussi d'accord, toujours publiquement, sur un point P situé sur la courbe.

Secrètement, A choisit un entier d_A, et B choisit un entier d_B. A envoie à B le point $d_A P$, et B envoie à A le point $d_B P$. Les deux agents A et B sont capables de calculer la clé secrète commune $d_A(d_B P) = (d_A d_B)P$ qui est un point de la courbe.

Si un intrus I a espionné leurs échanges, il peut connaître les paramètres ($E(a,b,p)$, P, $d_A P$, $d_B P$). Pour pouvoir calculer la clé secrète : $d_A d_B P$, il faut pouvoir calculer d_A connaissant P et $d_A P$. I est alors amené à résoudre le logarithme discret sur une courbe elliptique. Or, si les nombres sont suffisamment grands, il est difficile de résoudre ce problème en un temps raisonnable.

Dans une courbe elliptique (voir la figure 1.3), pour additionner trois points P, Q et R, on utilise la règle suivante :

Si $P + Q + R = O$ alors P, Q et R sont alignés, où O est le point à l'infini sur la courbe et l'élément neutre du groupe. Ainsi pour additionner deux points P et Q de la courbe elliptique, on trace la droite qui passe par ces deux points. Il est relativement facile de prouver que cette droite recoupe la courbe en un troisième point R (car l'équation de la courbe est de degré 3). D'après la règle $P + Q = -R$, il suffit de prendre l'opposé de R pour obtenir $P + Q$. Notons que dans la plupart des cas, l'opposé d'un point est simplement son symétrique par rapport à l'axe des abscisses. Pour a additions de P : $((P+P+...+P)$, a fois), il est difficile de connaître a connaissant aP et P (voir figure 1.4). Si a est suffisamment grand, il est difficile de résoudre ce problème en un temps raisonnable. C'est le problème du logarithme discret sur une courbe elliptique.

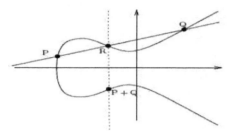

FIGURE 1.3 – Addition de deux points sur une courbe elliptique

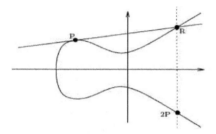

FIGURE 1.4 – Doublement d'un point sur une courbe elliptique

1.1.2   Fonction de hachage

Une fonction de hachage (notée $h(m)$)[51][83], appelée aussi fonction de condensation est une fonction qui convertit un message m de longueur quelconque en un message de taille inférieure. Le message qui en résulte est appelé empreinte ou condensé du message initial. La fonction de hachage est d'une grande utilité, notamment dans le contexte de la signature numérique, où elle évite la tâche fastidieuse de signer de longs messages.

Une fonction de hachage à sens unique est facile à calculer mais difficile à inverser, c'est à dire qu'il est aisé de calculer l'empreinte d'un message donné, mais il est difficile de déduire le message initial à partir de l'empreinte. Pour une fonction de hachage à sens unique et sans collision, il est impossible de trouver deux messages ayant la même empreinte.

1.1.3   Preuve à divulgation nulle de connaissance

La preuve à divulgation nulle de connaissance[74] consiste à prouver à une personne, lors d'un protocole interactif, sa connaissance d'un secret, sans rien révéler sur celui-ci.

1.1.4   Cryptosystème à seuil

Le cryptosystème à seuil[45] permet de protéger une clé contre les attaquants. De plus, il permet de répartir les décisions parmi un ensemble de personnes de telle sorte que plusieurs d'entre elles soient impliquées pour prendre une décision. Ceci permet de distribuer la confiance pour atteindre un degré de sécurité plus important : l'attaquant doit en effet corrompre plusieurs personnes pour frauder.

Par exemple, supposons une clé privée partagée entre n autorités. Déchiffrer un message chiffré avec la clé publique correspondante, demande la participation d'au moins $t < n$ d'autorités.

1.1.5   Comparaison de messages chiffrés

Dans le cryptosystème d'ElGamal[34], il est possible de comparer deux messages chiffrés. La primitive cryptographique qui assure cette comparaison est PET (*Plaintext Equality Test*)[43].

Considérons m et m' : deux messages à comparer, $E()$: fonction de chiffrement, y : clé publique du cryptosystème, g : générateur du groupe cyclique G, $(r,t) \in_R Z_q^2$, $E_{(g,y)}(m)$: chiffré de m et $E_{(g,y)}(m')$: chiffré de m'.

Selon le cryptosystème d'ElGamal, le chiffrement des messages m et m' est comme suit :

$E_{(g,y)}(m) = (\alpha, \beta) = (g^r \bmod p, y^r.m \bmod p)$

$E_{(g,y)}(m') = (\gamma, \delta) = (g^t \bmod p, y^t.m' \bmod p)$.

Pour comparer l'égalité de m et m' sans révéler les paramètres de chiffrement, on divise $(\alpha/\gamma, \beta/\delta)$, ce qui donne :

$((g^r \bmod p)/(g^t \bmod p), ((y^r.m \bmod p)/(y^t.m' \bmod p))) = (g^{r-t} \bmod p, y^{r-t}.(m/m') \bmod p)$.

Si $m = m'$ alors $m/m' = 1$, ce qui signifie que $(g^{r-t} \bmod p, y^{r-t}.1 \bmod p)$ est le chiffrement de 1 par les paramètres publics du cryptosystème d'ElGamal.

Les autorités de déchiffrement du cryptosystème d'ElGamal coopèrent et sélectionnent un nombre $z \in_R Z_q$, et calculent 1^z et $(m/m')^z$.

Si $(m/m')^z = 1^z = 1$ alors $m = m'$, sinon les deux messages sont différents.

1.2   Techniques spécifiques pour le vote électronique

Il existe trois techniques dans la littérature concernant le vote électronique[86] :

- Le réseau de mélangeurs appelé mix-net permet de permuter les bulletins de vote et dissiper le lien entre l'identité des votants et leur bulletin de vote ;

- Les approches basées sur les signatures aveugles consistent à signer un message sans connaître son contenu ;
- Les approches basées sur le chiffrement homomorphique utilisent des propriétés cryptographiques permettant la malléabilité des chiffrements et des déchiffrements des messages ainsi que la diminution du temps de dépouillement.

1.2.1 Réseau de mélangeurs

Les protocoles de vote électronique exigent que les votes restent anonymes. Le mécanisme qui assure cette exigence d'une façon rigoureuse est l'approche du réseau de mélangeurs. Le réseau de mélangeurs est une boite noire comprenant S_k serveurs et dont le rôle est de dissimuler à travers de nombreuses permutations, le lien entre les messages en entrée et ces mêmes messages en sortie. Cette méthode est très utilisée dans les protocoles de vote électronique pour réaliser des canaux anonymes[69].

Chaum[18] propose une méthode connue sous le nom de la méthode de déchiffrement. Les messages sont chiffrés par les clés publiques des serveurs du réseau, en commençant par le dernier serveur du réseau. Á chaque phase de mixage, le serveur S_i avec $i \in [1...k]$ déchiffre, permute et envoie ses messages au serveur S_{i+1}. Les messages en sortie du réseau de mélangeurs, sont des messages déchiffrés et ont un ordre différent des messages en entrée au réseau de mélangeurs. L'autorité de comptage procède ainsi au dépouillement des bulletins.

Cette méthode présente des faiblesses[2]. Á titre d'exemple lors d'un blocage d'un serveur, le processus de mixage s'interrompt. Ce qui a amené la plupart des chercheurs du domaine à utiliser la méthode de re-chiffrement des messages [60].

La méthode de re-chiffrement des messages consiste à ce que les messages en entrée soient chiffrés par la clé publique d'un cryptosystème (exemple le cryptosystème d'ElGamal[38]). Á chaque phase de mixage, le serveur S_i avec $i \in [1...k]$, re-chiffre les différents messages par des nombres aléatoires, permute et envoie ses messages au serveur S_{i+1}. Les messages en sortie du réseau de mélangeurs, seront déchiffrés par l'autorité de déchiffrement en utilisant la clé privée du cryptosystème utilisé. L'autorité de comptage procède ainsi au dépouillement des bulletins.

1.2.2 Chiffrement homomorphique

Le chiffrement homomorphique[41] est une approche utilisée dans certains cryptosystèmes, permettant de chiffrer les messages un par un puis de déchiffrer d'un coup la totalité des messages sans compromettre la confidentialité de l'information. Cette approche est basée sur la malléabilité des primitives cryptographiques.

En plus du fait de cacher le contenu d'un vote, le chiffrement homomorphique possède des propriétés supplémentaires. Par exemple, si E est la fonction de chiffrement et x et y sont des messages, alors $E(x + y) = E(x) * E(y)$ ou bien $E(kx) = E(x)^k$ (avec k un coefficient de x), permet de faire des calculs avec des données chiffrées sans être obligé de déchiffrer. Considérons le cas du vote "oui/non" et supposons que "oui" correspond à 1 et "non" à 0. Si on ajoute toutes les représentations numériques de chaque vote, on obtient le nombre total de "oui".

Ce protocole permet de calculer le résultat du vote sans révéler chaque vote individuellement. Il reste deux problèmes à résoudre avec ce type de vote. Le premier est que l'autorité peut déchiffrer les votes des utilisateurs et connaître le vote d'un électeur, le second est que les électeurs peuvent tricher et chiffrer des valeurs différentes de 0 ou 1, comme par exemple 100 ou -1000, ce qui donne un poids plus important à ce vote. Le premier problème est résolu en utilisant plusieurs autorités. Pour ce faire, soit le vote 0 ou 1 est partagé sur les serveurs en présence dans le réseau, soit la clé de déchiffrement est partagée sur les autorités du protocole. Le second problème est résolu en utilisant une preuve d'exactitude du clair du message chiffré sans révéler le vote. Pour ce faire, on utilise des preuves à divulgation nulle de connaissance.

1.2.3 Signature en aveugle

La signature en aveugle est une approche introduite par Chaum[18]. Elle permet à une entité d'obtenir d'une autre entité la signature d'un message sans que le signataire ne connaisse son contenu. En pratique, chaque votant va ainsi pouvoir obtenir une signature de son vote par une autorité qui vérifiera avant de signer que le votant est bien inscrit sur les listes électorales et qu'il n'a pas déjà voté auparavant lors de cette élection. Dans la phase de vote, seuls les votes signés par l'autorité seront pris en considération.

1.3 Principe général d'un système de vote électronique

Dans un système de vote électronique (voir la figure 1.5), il y a une interaction entre quatre entités : le votant, l'autorité d'enregistrement, la station de vote et l'autorité de comptage.

1. Le votant va s'enregistrer auprès d'une autorité d'enregistrement ;

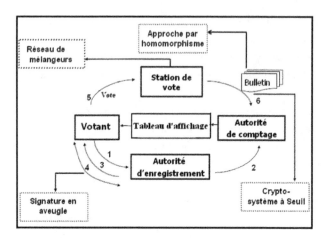

FIGURE 1.5 – Protocole de vote électronique

2. L'autorité d'enregistrement envoie l'identité du votant à l'autorité de comptage pour une vérification ultérieure ;

3. L'autorité d'enregistrement donne le droit au votant d'entamer le processus de vote ;

4. Le votant envoie son bulletin chiffré à l'autorité d'enregistrement pour qu'elle le signe sans voir son contenu ;

5. La station de vote ne peut accepter le choix du votant que s'il est signé par l'autorité d'enregistrement, son rôle est d'éliminer tout rapprochement entre l'identité du votant et son vote ;

6. Les outputs de la station de vote sont des bulletins déchiffrés envoyés à l'autorité de comptage pour donner le résultat ;

7. L'interaction de ces entités se fait par l'intermédiaire d'un tableau d'affichage.

L'approche de signature en aveugle[77] consiste à signer un message sans connaître son contenu (peut être utilisée à l'étape 4). Le cryptosystème à seuil[45](appelé threshold cryptosytem) consiste à ce qu'un nombre t d'autorités inférieur à n autorités, déchiffrent les bulletins de vote (peut être utilisé à l'étape de déchiffrement des messages). L'approche d'homomorphisme[41][3] qui diminue le temps de dépouillement puisque le produit des bulletins chiffrés est égal au chiffrement de la somme des bulletins en clair $E(v_1) * E(v_2) * ... * E(v_n) = E(v_1 + v_2 + ... + v_n)$, peut être utilisée à l'étape de dépouillement. Enfin, le réseau de mélangeurs qui a pour rôle de dissiper le lien entre l'identité des votants et leur vote (peut être utilisé à l'étape 5).

1.4 Exigences de sécurité d'un protocole de vote électronique

Afin de bénéficier des avantages d'un protocole de vote électronique, il est nécessaire que ce dernier satisfasse certaines propriétés de sécurité cruciale qui assurent sa résistance face aux attaques malveillante[12]. Nous présentons ci-dessous les propriétés les plus citées dans la littérature[31][32].

1. **Anonymat :**

   L'anonymat[30] est une propriété qui préserve l'identité des agents. Considérons le cas où A signifie à B son intention d'établir une communication en lui envoyant son identité chiffrée avec la clé publique de $B : A \rightarrow B : \{A\}_{K_{pub}(B)}$.

   Un tel protocole n'est pas anonyme. En effet, même si l'intrus ne connaît pas la clé privée de B, il peut former les messages $\{C\}_{K_{pub}(B)}$ pour toutes les identités C possibles et les comparer avec le message $\{A\}_{K_{pub}(B)}$ qu'il a vu circuler sur le réseau. Lorsqu'un intrus I obtient un message égal à celui envoyé, il en déduit qui a envoyé le message.

   Dans le cas d'un protocole de vote électronique, personne ne doit être capable de faire le rapprochement entre l'identité du votant et son vote.

   Une des techniques utilisées pour remédier à ce problème est le mélange de l'ensemble des identités des votants ou bien le mélange de l'ensemble des votes des votants afin de dissiper le lien entre ces deux ensembles.

2. **Authentification :**

   La propriété d'authentification[62] garantit que le message émane bien de celui qui l'a envoyé.

3. **Confidentialité :**

   La propriété de confidentialité[12] garantit que les secrets ne sont lisibles que par les agents habilités. Le mécanisme qui permet d'obtenir cette propriété est généralement le chiffrement des informations. Si un secret s est chiffré alors il ne peut être déchiffré que par un agent qui possède la clé de déchiffrement. La lecture de cette donnée par l'intrus compromet la confidentialité et par la suite le secret des informations.

4. **Intégrité :**

   La propriété de l'intégrité[75] assure que la modification des données est restreinte aux personnes autorisées. Les données ne seront pas modifiées ou détruites de façon non autorisée. Lorsque l'information est échangée, l'intégrité s'étend à l'authentification du message, c'est à dire à la garantie de son origine et de sa destination.

5. **Non répudiation :**

   La propriété de la non répudiation[83] assure la participation d'une entité dans un échange de données. Aucune entité ne peut nier sa participation.

6. **Éligibilité :**

   La propriété d'éligibilité[83] assure que les votants qui vont participer au processus de vote ont le droit de voter. Autrement dit, ils sont considérés comme des votants légitimes.

7. **Double vote :**

   Un votant peut voter plusieurs fois s'il change d'avis. Mais, un seul vote sera pris en considération lors du comptage des bulletins[83].

8. **Résultat partiel :**

   Personne ne doit être capable d'obtenir des résultats partiels, car la connaissance de ces résultats pourrait influencer les électeurs n'ayant pas encore voté[86].

9. **Résistance à la coercition :**

   La propriété de la résistance à la coercition[52][83][6] assure qu'un attaquant ne peut pas forcer un votant de voter d'une certaine manière et de vérifier sa soumission par la suite. Il est clair que si un attaquant (un adversaire) est derrière le votant, il peut espionner tout ce que fait ce votant et le forcer à voter pour un candidat en le menaçant.

10. **Sans-reçu :**

    La propriété de sans reçu[3] assure qu'aucun votant ne doit être capable de prouver la manière avec laquelle il a voté. Obtenir ou être capable de construire un reçu de son vote, c'est à dire un document prouvant comment le votant a voté, pourrait permettre l'achat de son vote.

11. **Vérifiabilité :**

    Il y a deux types de vérifiabilité[69] : une vérifiabilité individuelle et une vérifiabilité universelle :
    - Vérifiabilité individuelle : Chaque votant peut vérifier que son vote a été comptabilisé,
    - Vérifiabilité universelle : Toute personne doit pouvoir se convaincre que tous les votes valides ont été comptabilisés sans avoir été modifiés.

Les propriétés de sans reçu et de vérifiabilité semblent être contradictoires. En effet, chaque votant doit pouvoir vérifier que son vote a été pris en compte (vérifiabilité individuelle), et pourtant il ne doit pas pouvoir prouver à un tiers comment il a voté (sans reçu). Pour remédier à ce problème, une idée est de donner au votant un reçu qui reflète son bulletin mais ne reflète pas son vote.

Á titre de comparaison, le vote traditionnel est loin d'être parfait. En effet, un attaquant pourrait forcer un votant de ne pas aller voter, ou faire en sorte que son vote soit considéré comme nul. Il lui suffit pour cela de surveiller l'électeur, ou simplement de consulter les registres pour voir si celui-ci a apposé sa signature. L'attaquant peut également remettre à l'électeur un bulletin signé et vérifier que celui-ci se retrouve bien dans l'urne en assistant au dépouillement. Bien sûr, l'électeur pourra profiter de son passage dans l'isoloir pour échanger le bulletin, mais si l'attaquant ne retrouve pas son bulletin dans l'urne, il pourrait y avoir des représailles. D'autre part, la vérifiabilité est loin d'être une chose aisée dans le cadre du vote traditionnel. Un électeur ne souhaitant pas faire confiance à une tierce personne doit alors assister à l'élection et au dépouillement.

1.5   Aperçu sur les protocoles de vote électronique

Il existe deux types de vote électronique : le vote électronique hors ligne et le vote électronique en ligne[44]. La figure 1.6 illustre les étapes faites par le votant dans un cas particulier d'un vote électronique hors ligne.

- Le vote électronique hors ligne consiste à conserver les outils du vote traditionnel qui sont les bureaux de vote et les isoloirs et à ajouter une machine à voter. L'avantage de cette méthode est de permettre une comptabilisation rapide et efficace des bulletins, mais aussi de permettre aux votants de voter dans n'importe quel bureau de vote. Les bulletins seront ensuite acheminés par le réseau informatique vers leur destination. Le souci majeur du vote électronique hors ligne est la défaillance des machines à voter qui peut être extrêmement dangereuse dans un processus de vote. L'électeur doit utiliser certains appareils électroniques et il n'y a aucun argument convaincant pour qu'il fasse aveuglément confiance à ce dispositif[81][40][54]. Certains systèmes de vote électronique de bout en bout (end to end) vérifiables (E2E) ont été présentés récemment[19][23][20][21].
- Le vote électronique en ligne diffère du vote électronique hors ligne. Au bureau de vote, il est relativement facile de préserver la confidentialité de l'électeur, d'empêcher l'achat de vote et de garantir la résistance à la coercition. Dans le cas du vote électronique en

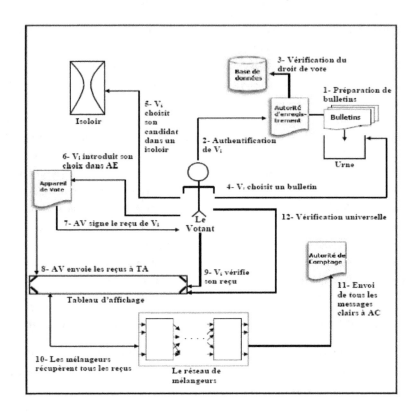

FIGURE 1.6 – Processus de vote

ligne, le votant peut voter de chez lui en utilisant une simple connexion internet. Les inconvénients de cette méthode sont le manque de confidentialité et la possibilité de voter sous la menace. C'est pour cela que les protocoles de vote électronique en ligne doivent être résistants à la coercition. Une autre source de problèmes est que l'électeur doit utiliser certains logiciels qui peuvent être malveillants et peuvent compromettre l'intégrité de l'élection ainsi que la vie privée de l'électeur. Il faut alors concevoir un système de vote qui satisfait toutes les propriétés usuelles de sécurité.

1.5.1   Quelques protocoles de vote

Dans cette section, nous présentons quelques exemples de protocoles de vote électronique fort connus dans la littérature. Il s'agit de : Prêt à voter[23][69], Punchscan[19], Three Ballot[66] : ils sont tous dédiés à des élections sur papier aux bureaux de vote, et un protocole de vote électronique à distance : civitas[25].

Prêt à voter[23] : Le votant A, obtient un bulletin de vote qui se compose de deux parties. La partie gauche contient la liste officielle des candidats, modifiée par l'application d'un déplacement circulaire de x positions, où x dépend du bulletin de vote. La partie droite contient des cases où A peut mettre une croix devant son candidat préféré. Sur la partie droite il y a un numéro de série S qui est utilisé pour le déchiffrement des votes et pour la reconstruction de la valeur de décalage x. Une fois que A choisit son candidat, elle sépare les deux parties. La partie gauche est insérée dans une déchiqueteuse, tandis que la partie droite est numérisée et insérée dans l'appareil de vote. A reçoit de l'appareil de vote un reçu composé du numéro de série et de la case cochée (voir figure 1.7).

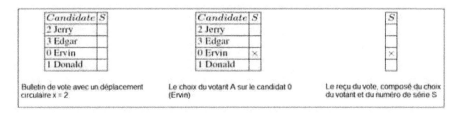

FIGURE 1.7 – Exemple de bulletin de vote dans le système Prêt à voter

Punchscan[19] : La conception du bulletin de Punchscan est différente de celle du Prêt à voter, mais il a été montré dans[80] que les principaux mécanismes de Punchscan peuvent être utilisés dans le système de Prêt à voter. La clé émise de Punchscan offre une possibilité back-end pour effectuer une élection vérifiable de bout en bout (E2E). Le mécanisme back-end est également utilisé dans Scantegrity[21] et Scantegrity II[20]. Les valeurs qui sont utilisées dans la construction du bulletin de vote peuvent être vérifiées. Le système donne aux électeurs la possibilité de vérifier que leurs votes sont enregistrés et comptés correctement. Le processus de vérification se compose d'une vérification au début de l'élection et une vérification après l'élection. Si l'autorité chargée de la construction des bulletins de vote vérifie ces deux processus de vérification, alors l'intégrité de l'élection est assurée avec une probabilité rassurante.

Three Ballot[66] : Ce système de vote est conçu par R. Rivest, il est particulièrement intéressant en dépit des faiblesses de certains inconvénients[24]. Un votant A, obtient un bulletin composé de quatre parties. La colonne de gauche contient la liste des candidats (pas de décalage sur l'ordre des candidats entre les différents bulletins). Les trois autres

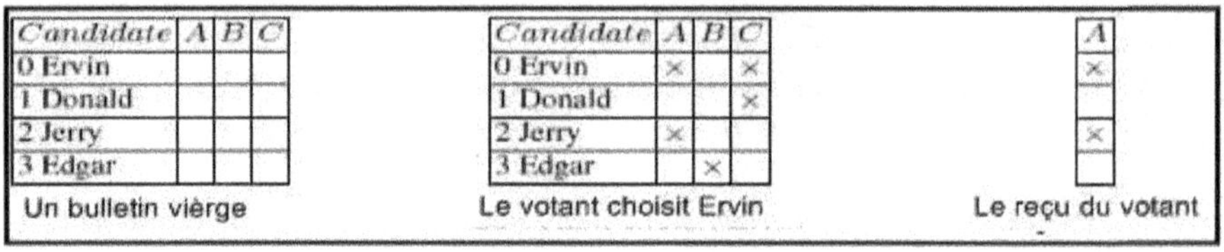

Candidate	A	B	C
0 Ervin			
1 Donald			
2 Jerry			
3 Edgar			

Un bulletin vierge

Candidate	A	B	C
0 Ervin	×		×
1 Donald			×
2 Jerry	×		
3 Edgar		×	

Le votant choisit Ervin

A
×
×

Le reçu du votant

FIGURE 1.8 – Exemple de bulletin de vote dans le système Three Ballot

colonnes sont utilisées pour que le votant marque son choix. Si A veut voter pour un candidat V, il met deux marques dans la ligne contenant le nom de V, et il met exactement une marque dans toutes les lignes restantes. Après que A ait fait son choix, les trois colonnes du bulletin de vote sont séparées et introduites dans une urne. A obtient une copie de l'une des colonnes introduite dans l'urne, qui sera considéré comme étant un reçu de choix du votant. Le système ne sait pas laquelle des colonnes a été délivrée comme reçu (voir figure 1.8).

CIVITAS[25] : C'est un système de vote électronique à distance universellement vérifiable et résistant à la coercition. Ce système de vote à distance sécurisé est conçu par M. Clarkson, S. Chong et A. Myers. Le nom de ce système tel qu'il est présenté à Dagstuhl a été CIVS. Puis en 2007, il a pris le nom Civitas[27]. Clarkson et al. se sont inspirés des travaux de JCJ[53] pour garantir la propriété de la résistance à la coercition. Ils ont utilisé des mécanismes cryptographiques pour réduire la complexité du système de JCJ[53] qui reste toujours inefficace à grande échelle. Pour traiter 500 bulletins, il lui faut 5 heures de dépouillement.

1.5.2 Expériences pratiques

Il existe des pays qui ont mené des essais de vote électronique au cours des dix dernières années, dont la France, les Pays-Bas, la Suisse, le Royaume-Uni, et les États-Unis. Tous ces essais ont été menés à l'échelle locale et régionale au niveau du gouvernement, en ciblant des électeurs spécifiques. La nation qui s'est investie dans le déploiement du vote électronique par Internet est l'Estonie[33], elle a organisé deux élections nationales dans lesquelles tous les votants pouvaient utiliser le vote par Internet. La méthode utilisée lors de l'élection de 2005 peut s'expliquer simplement par analogie avec un système d'enveloppes. Le votant s'identifie auprès d'une autorité d'enregistrement. Il récupère un bulletin de vote et l'insère dans une première enveloppe après l'avoir chiffré avec la clé publique du système. Cette première enveloppe est ensuite insérée dans une deuxième enveloppe sur laquelle le votant appose sa signature. Le système vérifie la validité de la signature et vérifie aussi que le signataire a le droit de voter. La deuxième enveloppe est alors ouverte et la première enveloppe anonyme est mise dans l'urne. Ce principe théorique est classique pour le vote en ligne. Son efficacité dépend du choix et de la manière d'utiliser les primitives cryptographiques.

Le vote électronique comporte des avantages pratiques : le dépouillement est plus précis et plus rapide, puisqu'il est automatique. Mais ces avantages pratiques ne doivent pas masquer les problèmes existants dans le vote électronique : l'exposition au piratage informatique, déjà tenté sur des machines de vote aux États-Unis, la perte du secret du vote, et la difficulté de contrôler les votants : comment être certain que le votant par internet soit vraiment la personne qu'il prétend être ? Ces risques sont susceptibles de rendre un système de vote inefficace.

1.6 Conclusion

Dans ce premier chapitre, nous avons présenté les principales primitives cryptographiques que nous utilisons dans ce manuscrit. Puis, nous avons décrit les techniques spécifiques pour le vote électronique, à savoir le réseau de mélangeurs, le chiffrement homomorphique et les signatures en aveugle. Ensuite, nous avons présenté un schéma général d'un protocole de vote électronique, et listé les propriétés de sécurité qu'un protocole de vote doit garantir. Enfin, nous avons présenté quelques protocoles de vote électronique. Dans le chapitre suivant, nous présentons une nouvelle méthode de distribution des messages dans un réseau de mélangeurs. Le but de cette méthode est de contrecarrer les attaques existantes dans les méthodes de réseau de mélangeurs à base de re-chiffrement.

Chapitre 2

Une méthode de distribution des messages dans un réseau de mélangeurs

Sommaire

2.1 Introduction

Une propriété fondamentale qui doit être vérifiée par les protocoles de vote électronique est l'anonymat[61] : On ne peut en aucun cas avoir la possibilité de lier l'identité du votant à son vote. Pour préserver l'anonymat des votants, l'idée est d'utiliser des canaux anonymes. Ces canaux sont modélisés par l'approche de réseau de serveurs ou routeurs appelés mélangeurs, qui ont pour rôle de dissimuler le lien entre les messages en entrée et ceux en sortie. À titre d'exemple, nous citons le réseau TOR (*The Onion Router*)[76], qui est un réseau mondial décentralisé de routeurs, dont le but est de garantir l'anonymat des paquets TCP. D'ailleurs, tout échange via Internet, basé sur TCP peut être rendu anonyme en utilisant TOR[76].

Le problème de l'approche du réseau de mélangeurs est que ces mélangeurs (serveurs) peuvent être malicieux et, à travers une entente entre eux, peuvent briser l'anonymat.

Dans ce chapitre, nous détaillons deux attaques d'un réseau de mélangeurs basé sur la méthode de re-chiffrement. Nous proposons une technique de distribution des messages afin de contourner ces attaques, et ce en diminuant nettement leurs probabilités d'occurrence[88].

2.2 Étude des réseaux de mélangeurs

Il existe principalement dans la littérature deux méthodes basées sur les réseaux de mélangeurs : La méthode de déchiffrement et la méthode de re-chiffrement.

2.2.1 Méthode de déchiffrement

La méthode dite de déchiffrement est la plus ancienne[1]. Le principe de cette méthode, est celui utilisé dans le réseau TOR[76]. Supposons que le réseau de mélangeurs est constitué de k mélangeurs. Chaque vote est chiffré successivement par les k clés publiques des mélangeurs, en commençant par le dernier mélangeur du réseau. Les chiffrés ont donc une structure *d'oignon* :

$$C_i = E_{S_1}(E_{S_2}(...(E_{S_k}(vote))...)),$$

où E_{S_i} désigne la fonction de chiffrement appliquée par le serveur S_i en utilisant sa clé publique. Ces chiffrés sont envoyés au premier serveur qui les mélange et les déchiffre avec sa clé privée. Puis, le premier serveur envoie ses messages au deuxième serveur. Le deuxième serveur effectue ensuite la même opération, jusqu'au serveur k. Á la sortie du réseau de mélangeurs, les votes sont en clair et dans un ordre aléatoire.

Le principal défaut de cette méthode d'anonymisation est son coût : il faut gérer k serveurs et chaque serveur doit déchiffrer tous les votes[75]. Si le nombre de votes est N, le nombre de chiffrement est kN. De plus le protocole ne tolère pas les éventuelles pannes de serveurs. Si un serveur tombe en panne, le processus de mixage s'interrompt, et il n'y a pas la possibilité de sauter ce serveur. L'idée est de choisir un autre chemin de serveurs, ou bien de reconstruire la clé privée du serveur en panne (en utilisant la méthode du cryptosystème à seuil).

2.2.2 Méthode de re-chiffrement

La deuxième méthode dite de re-chiffrement[69] n'est pas vulnérable aux pannes des serveurs car les votes sont chiffrés par la clé publique d'un cryptosystème (par exemple celui d'ElGamal[34]). Si un serveur tombe en panne, le processus de mixage ne s'interrompt pas. Le but de chaque serveur du réseau est d'utiliser un nombre aléatoire pour re-chiffrer les messages reçu du serveur qui le précède et de les mélanger par la suite.

À la sortie du réseau, les autorités de déchiffrement coopèrent afin d'obtenir les votes en clair. Cette méthode présente aussi des faiblesses.

Une synthèse de la majorité des attaques sur les serveurs du réseau est décrite dans[85].

Parmi les attaques présentées, il y en a deux sur lesquelles nous allons nous focaliser : la première consiste à ce que le premier mélangeur et le dernier mélangeur du réseau se mettent d'accord sur des étiquettes par lesquelles ils identifient les messages en circulation, de manière à corrompre par la suite le mécanisme de mixage.

La seconde attaque consiste à ce que le dernier serveur modifie la liste sortante du réseau de mélangeurs de façon à retrouver le lien avec la liste entrante. Les votants seront reconnus et par conséquent l'anonymat n'est plus préservé.

2.3   Le réseau de mélangeurs de Golle

Golle utilise le cryptosystème d'ElGamal[34] pour chiffrer et déchiffrer les messages envoyés au réseau de mélangeurs[11]. Il considère l'existence d'un Tableau d'Affichage (TA), de N expéditeurs et un nombre k de serveurs dans le réseau de mélangeurs $(S_1, S_2, ..., S_k)$, (Voir figure 2.1).

2.3.1   L'envoi d'un message au réseau de mélangeurs

Un expéditeur utilise les paramètres publics (g,y) du cryptosystème d'ElGamal[34] pour chiffrer un message m : $E_{(g,y)}(m) = (u, v)$.

Puis, il calcule $w = h(u, v)$ où h est une fonction de hachage[16]. Cet expéditeur chiffre les trois paramètres (u, v, w) par la fonction $E_{(g,y)}$ afin d'obtenir :

$$\alpha = [E_{(g,y)}(u), E_{(g,y)}(v), E_{(g,y)}(w)] = [(a, b), (c, d), (e, f)],$$

L'intérêt de l'utilisation de la fonction de hachage est d'assurer l'intégrité et la vérification des messages qui circulent via le réseau.

2.3.2   Le processus de mixage

La première liste entrante au réseau de mélangeurs prend cette forme :

$$L_0 = [(a_{0,i}, b_{0,i}), (c_{0,i}, d_{0,i}), (e_{0,i}, f_{0,i})]_{i=1}^{N} = \{\alpha_i\}_{i=1}^{N},$$

Le premier serveur du réseau traite la liste L_0 en re-chiffrant et mélangeant les N messages. Puis, il envoie la liste traitée au serveur suivant.

Chaque serveur du réseau de mélangeurs lit à partir du TA, la liste L_{j-1} qui correspond au serveur précédent,

$$L_{j-1} = [(a_{j-1,i}, b_{j-1,i}), (c_{j-1,i}, d_{j-1,i}), (e_{j-1,i}, f_{j-1,i})]_{i=1}^N,$$

L_{j-1} est la liste sortante du serveur précédent.

Chaque serveur S_j choisit d'une façon aléatoire r_{ji}, s_{ji}, $t_{ji} \in Z_q$ pour tout message i de 1 à N et re-chiffre la liste entrante L_{j-1}, pour avoir une liste ,

$$L_j = [(g^{r_{ji}} a_{j-1,i}, y^{r_{ji}} b_{j-1,i}), (g^{s_{ji}} c_{j-1,i}, y^{s_{ji}} d_{j-1,i}), (g^{t_{ji}} e_{j-1,i}, y^{t_{ji}} f_{j-1,i})]_{i=1}^N,$$

$$L_j = [(a_{j,i}, b_{j,i}), (c_{j,i}, d_{j,i}), (e_{j,i}, f_{j,i})]_{i=1}^N,$$

Cette liste de N messages est permutée d'une façon aléatoire et envoyée au TA. Lors des phases de re-chiffrement, les composantes de chaque message ne seront pas séparées.

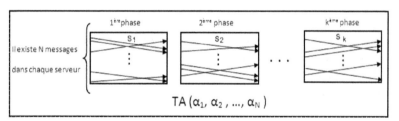

FIGURE 2.1 – Conception de l'approche classique

2.3.3   Les preuves à divulgation nulle de connaissance

Chaque serveur du réseau de mélangeurs prouve aux autres serveurs que les actions faîtes sur les messages reçus à savoir re-chiffrement et permutation sont valides [30].

On sait que :

- La composante a_j est le re-chiffrement de a_{j-1} et par la suite $a_j = g^{r_j} a_{j-1}$ avec r_j le nombre aléatoire utilisé par le serveur S_j ;
- La composante b_j est le re-chiffrement de b_{j-1} et par la suite $b_j = y^{r_j} b_{j-1}$ avec r_j le nombre aléatoire utilisé par le serveur S_j.

La première preuve de connaissance est comme suit :

$$log_g \frac{a_j}{a_{j-1}} = log_y \frac{b_j}{b_{j-1}} = \sum_{i=1}^{N} r_{j,i} = r_j,$$

La deuxième preuve de connaissance est comme suit :

$$a_j = \prod_{i=1}^{N} a_{j,i},$$

$$b_j = \prod_{i=1}^{N} b_{j,i},$$

Les preuves de connaissances doivent être valides pour toutes les composantes des messages. Comme spécifié au premier chapitre, la preuve interactive à divulgation nulle de connaissance permet au serveur S_j de convaincre le serveur S_{j+1} sur la validité de ses actions sans lui révéler le secret qu'il possède.

2.3.4 Le déchiffrement des messages

Lorsque la liste L_k (la liste sortante du dernier serveur S_k) est envoyée au TA, les autorités de déchiffrement coopèrent afin de déchiffrer cette liste. Le procédé de coopération est assuré par le cryptosystème à seuil.

Ces autorités de déchiffrement obtiennent une liste

$$L = (u_i, v_i, w_i)_{i=1}^{N},$$

Si $w_i = h(u_i, v_i)$, alors les messages sont valides.

Les autorités de déchiffrement coopèrent une deuxième fois pour avoir la liste des messages en clair $[m_1, m_2, ..., m_N]$.

Pour pouvoir déchiffrer un message m, les autorités de déchiffrement utilisent la fonction

$$D_x(u, v) = \frac{v}{u^x} = \frac{y^r m}{g^{xr}} = \frac{y^r m}{y^r} = m,$$

On remarque que les nombres aléatoires choisis pour re-chiffrer les messages, n'interviennent pas dans le déchiffrement des messages. Seule la clé privée du cryptosystème fera l'affaire.

2.4 Attaques sur les réseaux de mélangeurs

Dans cette section, nous présenterons deux attaques contre l'approche classique de Golle[11]. La première attaque est celle de l'entente entre les serveurs du réseau de mélangeurs et la deuxième attaque est celle du dernier serveur malicieux[86].

2.4.1 Attaque d'étiquetage

Cette attaque suppose l'existence de deux serveurs corrompus [86]. Le premier serveur S_1 étiquette ses *inputs* dans L_0, pour que le dernier serveur S_k les identifie dans L_{k-1}.

Soient α_1 et α_2 deux *inputs* du premier serveur S_1 et soit ζ une étiquette tel que $\zeta \neq 1$ et $\zeta \notin G_q$.

Le serveur corrompu S_1 identifie α_1 et α_2 par les étiquettes respectives ζ et sa réciproque ζ^{-1} :

$$\alpha_1' = [(\zeta a_{0,1}, b_{0,1}), (c_{0,1}, d_{0,1}), (e_{0,1}, f_{0,1})],$$

$$\alpha_2' = [(\zeta^{-1} a_{0,2}, b_{0,2}), (c_{0,2}, d_{0,2}), (e_{0,2}, f_{0,2})],$$

Puis envoie au TA la liste

$$L_0' = [\alpha_1', \alpha_2', \alpha_3, ..., \alpha_N].$$

Le serveur corrompu S_k est supposé envoyer $L_k = \{\beta_i\}_{i=1}^N$ au TA,

avec $\beta_i = [(a_{k,i}, b_{k,i}), (c_{k,i}, d_{k,i}), (e_{k,i}, f_{k,i})]$, il envoie une liste modifiée L_k'.

Pour ce faire, S_k choisit $t, t' \in [1...N]$ tel que $a_{k,t}^q = \zeta^q$ et $a_{k,t'}^q = \zeta^{-q}$, puis il calcule :

$$\beta_t' = [(\zeta^{-1} a_{k,t}, b_{k,t}), (c_{k,t}, d_{k,t}), (e_{k,t}, f_{k,t})]$$

et

$$\beta_{t'}' = [(\zeta a_{k,t'}, b_{k,t'}), (c_{k,t'}, d_{k,t'}), (e_{k,t'}, f_{k,t'})]$$

et forme la liste

$$L'_k = [\beta_1, ..., \beta_{t'-1}, \beta'_{t'}, \beta_{t'+1}, ..., \beta_{t-1}, \beta'_t, \beta_{t+1}, ..., \beta_N].$$

Le réseau de mélangeurs envoie au TA la liste des messages en clair après déchiffrement sous la forme $[m_1, ..., m_N]$, ce qui permet aux malicieux de corrompre le secret des votants.

La composante $a_{k,t}$ est le re-chiffrement du message étiqueté $\zeta a_{0,1}$, qui prend la forme :
$a_{k,t} = g^r \zeta a_{0,1}$.

Le dernier serveur S_k élève à la puissance q la composante $a_{k,t}$, il obtient :

$$a_{k,t}^q = (g^r \zeta a_{0,1})^q = \zeta^q (g^r a_{0,1})^q = \zeta^q,$$

Puisque tout élément $\delta \in G_q$, $\delta^q = 1$ et si $\delta \neq 1$ et $\delta \notin G_q$ alors $\delta^q \neq 1$.

Le choix du malicieux sur les étiquettes réciproques ζ et ζ^{-1} pour les *inputs* respectifs α_1 et α_2 se base sur la transparence de la modification des deux listes L_0 et L'_0, puisqu'elles vérifient la formule de la preuve de connaissance à divulgation nulle

$$\zeta a_{0,1} \zeta^{-1} a_{0,2} \prod_{i=3}^{N} a_{0,i} = \prod_{i=1}^{N} a_{0,i} = a_0.$$

Notons que pour des raisons de complexité et de lenteur de la procédure de vérification, un serveur S_j ne vérifie pas que tous les éléments de son *input* $L_{j-1} \in G_q$.

2.4.2 Attaque du dernier serveur corrompu

L'auteur suppose que tous les serveurs du réseau de mélangeurs sont honnêtes excepté le dernier serveur [86].

Selon l'auteur, le serveur S_k peut ne pas traiter la liste sortante L_{k-1} du serveur précédent S_{k-1}.

Pour ce faire, S_k modifie la liste L_0 (la liste entrante dans le réseau de mélangeurs) et la considère comme sa liste entrante. Ainsi il assure la transparence de l'attaque.

Soit la liste

$$L_0 = \{\alpha_i\}_{i=1}^{N}$$

avec

$$\alpha_i = [(a_{0,i}, b_{0,i}), (c_{0,i}, d_{0,i}), (e_{0,i}, f_{0,i})].$$

Le malicieux S_k modifie les composantes de la liste α_1, en calculant :

$$(a', b', ..., f') = (\frac{a_{k-1}}{a_0}, \frac{b_{k-1}}{b_0}, ..., \frac{f_{k-1}}{f_0})$$

ainsi

$$\alpha_1' = [(a'a_{0,1}, b'b_{0,1}), (c'c_{0,1}, d'd_{0,1}), (e'e_{0,1}, f'f_{0,1})].$$

Puis il forme une liste

$$L_{k-1}' = [\alpha_1', \alpha_2, ..., \alpha_N]$$

avec L_{k-1}' équivalente à la liste L_0 mais en modifiant α_1 par α_1'.

La liste sortante du réseau de mélangeurs notée L_k, sera envoyée au TA.

Le serveur corrompu S_k utilise sa connaissance de permutation des deux listes L_0 et L_k afin de corrompre le secret des votants.

Durant la phase de re-chiffrement et de mixage chaque serveur doit produire une preuve à divulgation nulle de connaissance de sa production.

Pour ce faire, il calcule les composantes $[a_{k-1}', b_{k-1}', ..., f_{k-1}']$ afin de vérifier les égalités logarithmiques.

Prenons comme exemple la première composante a_{k-1}', afin de montrer la transparence de cette attaque.

$$a_{k-1}' = a'a_{0,1} \prod_{i=2}^{N} a_{0,i}.$$

S_k vérifie le rapport logarithmique :

$$log_g \frac{a_k}{a_{k-1}'} = log_g \frac{a_k}{a'a_{0,1}\prod_{i=2}^{N} a_{0,i}} = log_g \frac{a_k}{a'\prod_{i=1}^{N} a_{0,i}} = log_g \frac{a_k}{\frac{a_{k-1}}{a_0}a_0} = log_g \frac{a_k}{a_{k-1}},$$

$$log_g \frac{a_k}{a_{k-1}} = log_g(g^{\sum_{i=1}^{N} r_{j,i}}) = \sum_{i=1}^{N} r_{j,i} = r_j.$$

Ce qui montre que α_1' est un re-chiffrement valide de α_1 et par la suite le malicieux ne sera pas détecté.

Ainsi, lors de la phase de déchiffrement, le secret des votants sera dévoilé.

2.5   Notre nouvelle approche de réseau de mélangeurs

Afin de contourner les attaques sur les serveurs et en particulier les deux attaques présentées dans la section précédente, nous proposons un schéma de prémunition contre la vulnérabilité des serveurs. Cette approche consiste à distribuer les messages du TA aux serveurs du réseau d'une façon aléatoire[90].

2.5.1   Principe de la distribution des messages

Á chaque phase de mixage, tous les serveurs du réseau travaillent.

Nous supposons l'existence d'une Autorité de Confiance (AC), qui envoie aux serveurs du réseau, les messages chiffrés d'une façon aléatoire par la clé publique des serveurs.

De ce fait, les serveurs ne connaissent plus leurs successeurs. Ainsi, le dernier serveur ne pourra pas se mettre d'accord avec les serveurs précédents pour procéder à l'attaque des étiquettes.

Aucun serveur ne peut savoir s'il va être au dernier emplacement dans le réseau, vu que la contrainte de distribution des messages est aléatoire et que les serveurs ne peuvent pas connaître le nombre de phases de mixage. Seule l'AC peut décider de l'arrêt de phases de mixage.

Dans le réseau de mélangeurs, il existe k serveurs à chaque phase de mixage où $j \in [1..k]$.

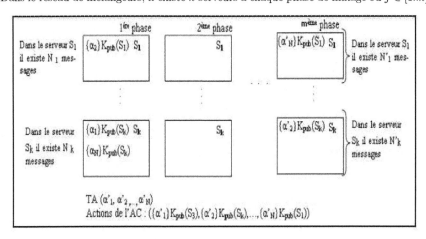

FIGURE 2.2 – Conception de la nouvelle approche

Ces serveurs vont partager N messages chiffrés où $i \in [1..N]$.

La dernière phase est $m \leq k$ (voir figure 2.2).

La liste des messages dans le serveur S_j se présente sous la forme :

$$L_j = [(a_{j,i}, b_{j,i}), (c_{j,i}, d_{j,i}), (e_{j,i}, f_{j,i})]_{i=1}^{N_j} = \{\alpha_i\}_{i=1}^{N_j},$$

Dans le serveur S_j, les *inputs* $\{\alpha_i\}_{i=1}^{N_j}$ seront re-chiffrés et permutés. Ils prennent la forme suivante :

$$L_j = [(g^{r_{ji}} a_{j,i}, y^{r_{ji}} b_{j,i}), (g^{s_{ji}} c_{j,i}, y^{s_{ji}} d_{j,i}), (g^{t_{ji}} e_{j,i}, y^{t_{ji}} f_{j,i})]_{i=1}^{N_j} = \{\alpha_i'\}_{i=1}^{N_j}$$

avec r_{ji}, s_{ji}, $t_{ji} \in Z_q$ pour tout message $i \in [1..N_j]$.

Une fois que les serveurs ont obtenu les différents inputs, ces messages seront envoyés au TA.

Le chiffrement des messages d'une façon aléatoire par les clés publiques des serveurs dans le TA, permet aux serveurs de ne plus connaître l'origine des messages.

Selon le chiffrement des messages par les clés publiques des serveurs $K_{pub}(S_j)$, chaque serveur S_j récupère le message qui lui est destiné.

Une fois les messages récupérés de l'AC, tous les serveurs re-chiffrent et permutent leurs inputs puis ils les envoient au TA pour une deuxième phase de mixage.

Les messages sont sous la forme $\{\alpha_i'\}_{i=1}^{N_j}$.

Á chaque envoi des messages au TA, l'AC re-chiffre les messages (re-chiffrés et permutés par les serveurs lors d'une phase i de mixage) par les clés publiques des serveurs pour une nouvelle distribution. AC donne l'ordre d'entamer par la suite la phase $i + 1$ de mixage.

Les messages seront envoyés en forme de paquets N_j aux serveurs destinés.

En outre, nous pouvons imposer qu'un serveur ne peut traiter un paquet qu'au plus une seule fois, pour qu'un même serveur n'étiquette pas les messages pour les récupérer à la dernière phase.

Seule l'AC peut décider du nombre de phases de mixage qui est au maximum estimé à k (où k est le nombre de serveurs dans le réseau de mélangeurs).

L'avantage de ce schéma se situe sur le fait qu'un serveur n'a aucune connaissance de l'ordre de succession des serveurs et que le nombre de phases de mixage n'est connu que par AC.

Même s'il en avait connaissance, il ne pourrait contourner qu'un nombre $N_j \ll N$. De plus, le schéma rend difficile une entente préalable entre les serveurs.

Illustrons cette approche par un exemple. Soient trois serveur (S_1, S_2, S_3), et sept messages $[m_1, m_2, ..m_7]$ présents dans TA, le nombre de phases est trois (seul AC connaît ce nombre). Les messages sont partagés sur trois paquets :

Paquet 1 : $[m_1, m_3, m_6]$, Paquet 2 : $[m_2, m_5]$, Paquet 3 : $[m_4, m_7]$. Ces messages sont chiffrés par AC comme suit :

$$TA[(m_1)_{Kpub(S_2)}, (m_2)_{Kpub(S_3)}, (m_3)_{Kpub(S_2)}, (m_4)_{Kpub(S_1)},$$
$$(m_5)_{Kpub(S_3)}, (m_6)_{Kpub(S_2)}, (m_7)_{Kpub(S_1)}].$$

Chaque serveur reconnaît le paquet qui lui est destiné. Dans la première phase de mixage : S_1 reçoit deux messages : m_4 et m_7. S_2 reçoit trois messages : m_1, m_3 et m_6. S_3 reçoit deux messages : m_2 et m_5. Chaque serveur déchiffre et permute ses messages. Puis, il prouve sa connaissance à divulgation nulle des messages reçus.

S_1 re-chiffre et permute ses messages. Il obtient $[m'_7, m'_4]$. S_2 re-chiffre et permute ses messages, il obtient $[m'_6, m'_3, m'_1]$. S_3 re-chiffre et permute ses messages, il obtient $[m'_5, m'_2]$. Une fois chaque serveur accomplit ses taches, il envoie ses messages au TA, le TA prend cette forme : $[m'_7, m'_4, m'_6, m'_3, m'_1, m'_5, m'_2]$. Pour entamer la deuxième phase de mixage, AC chiffre d'une façon aléatoire ces messages par les clés publiques des serveurs. Ce processus sera répété jusqu'à la dernière phase trois fixée par AC. Les messages seront ensuite déchiffrés par les autorités de déchiffrement.

2.5.2 Étude de complexité

Dans cette section, nous comparons la complexité de notre approche à l'approche classique. Nous montrons que, à part le fait de remédier aux attaques existantes, notre approche peut avoir une complexité moins importante que celle de l'approche classique.

1. **Complexité de l'approche classique :** Dans l'approche classique, tous les messages seront traités par les k serveurs du réseau de mélangeurs selon un ordre prédéterminé. Soit N le nombre de messages à traiter. Chaque serveur traite ses messages comme suit :

   – Un re-chiffrement de chaque message par le cryptosystème ElGamal : La complexité de cette opération est estimée à N ;

   – Une permutation de tous les messages : La complexité de cette opération est estimée à N.

   Le processus de mixage comprend aussi le chiffrement des N messages, sans oublier le temps de latence L consacré aux transferts dans le réseau de mélangeurs.

   La complexité totale de l'approche classique de réseau de mélangeurs est estimée à :

$$C_{classique} = k \times L + N \times (C_{1^{er}chiffrement} + C_{re-chiffrement} + C_{permutation})$$

2. **Complexité de notre approche :**

   Notre approche requiert m phases (avec $m \leq k$ fixé par l'AC) au cours desquelles les S_j serveurs avec $j \in [1..k]$ re-chiffrent et permutent des messages estimés à $N_j = \frac{N}{k}$ messages, et les renvoient à AC à chaque phase. Aucun serveur ne peut connaître l'origine de ses messages. Cette approche prémunit contre les attaques existantes tout en ayant à chaque phase un débit par serveur moins important que l'approche classique. Chaque serveur traite ses messages comme suit :

   – Un re-chiffrement de chaque message par le cryptosystème ElGamal. La complexité de cette opération est estimée à $\frac{N}{k}$;

   – Une permutation de tous les messages. La complexité de cette opération est estimée à $\frac{N}{k}$.

   Comme tous les serveurs travaillent en parallèle, cela permet une rapidité du traitement des messages à chaque phase, mais par contre un double temps de latence L. La complexité totale de notre approche est estimée à :

   $$C_{notreapproche} = 2 \times L \times m + N \times C_{1^{er}chiffrement} + \frac{N}{k} \times m \times (C_{re-chiffrement} + C_{permutation})$$

3. **Comparaison :** Puisque le nombre de phases m peut être moins important que le nombre des serveurs k, les re-chiffrements et les permutations de $\frac{N}{k}$ messages sont plus rapides que le traitement de N messages par phase. Ces facteurs peuvent compenser le double temps de latence des transferts des messages à l'AC.

   Ce qui nous amène à dire que la complexité de notre approche n'est pas plus importante que celle de l'approche classique.

2.5.3 Probabilité d'attaques

Dans cette section, nous étudions la probabilité des deux attaques mentionnées dans la section 4.3 et montrons qu'elles sont faibles, ce qui montre que notre nouvelle technique de distribution des messages réduit considérablement le risque d'attaque[88].

1. **Probabilité de l'attaque d'étiquetage :** Dans l'approche classique de Golle[11], la probabilité pour qu'un serveur S_k détecte un message identifié par le serveur S_1 est 1 puisque les serveurs sont en entente.

   Étudions la probabilité pour qu'un serveur S_j à la dernière phase m, tel que $m \in [1..k]$, puisse détecter un message l étiqueté par un serveur S_t dans la première phase de mixage.

Si un message l est traité par le serveur S_1 alors lors de la deuxième phase il sera traité par un serveur S_j telle que $j \neq 1$. Lors de la troisième phase, il sera traité par un serveur S_j tel que $j \neq [1, 2]$ et ainsi de suite jusqu'à la phase m, ainsi il a donc $\frac{k!}{(k-m)!}$ choix.

Soit A l'événement : "Un serveur S_j à la dernière phase m, puisse détecter un message l étiqueté par un serveur S_t dans la première phase de mixage".

Comme la probabilité est uniforme, alors

$$P(A) = \frac{card A}{card \Omega}$$

où Ω est l'ensemble de distribution des N messages sur tous les S_k serveurs du réseau.

Ω est donc l'ensemble des applications surjectives d'un ensemble ayant N messages vers un ensemble ayant k serveurs.

Ce qui entraîne que

$$card \Omega = \sum_{p=1}^{k}(-1)^{k-p}C_k^p p^N$$

Par suite

$$P(A) = \frac{card A}{card \Omega} = \frac{k!}{(k-m)! \sum_{p=1}^{k}(-1)^{k-p}C_k^p p^N}$$

Une probabilité très faible lorsque le nombre de messages N est important.

En conclusion, la probabilité d'attaque par étiquetage est nettement inférieure avec notre approche qu'avec l'approche classique de Golle[11].

2. **Probabilité de l'attaque du dernier serveur corrompu :** Considérons le cas de la seconde attaque, notre approche contourne le fait que le dernier serveur S_k traite une liste L'_0 au lieu de la liste du serveur précédent L_{k-1}.

Le serveur S_k profite de son emplacement comme dernier serveur du réseau pour corrompre le secret des votants.

Dans notre approche, aucun serveur ne peut prétendre être au dernier emplacement dans le réseau, vu que seule l'AC le connaît.

Dans l'approche classique de Golle[11], la probabilité pour que le dernier serveur modifie les N messages reçus à la dernière phase est 1 car c'est un événement certain.

Étudions la probabilité de cette attaque dans le cadre de la méthode proposée.

Un serveur j de la phase h (supposée par le serveur j comme dernière phase) ne pourrait contourner qu'un nombre $N_j \ll N$ de messages.

Soit B l'événement :"le serveur j reconnaît le paquet de messages (composé de N_j messages) provenant de la liste L_0 à la phase h".

$$card(B) = A_N^{N_j} = N(N-1)(N-2)...(N-(N_j-1))$$

Comme la probabilité est uniforme alors

$$P(B) = \frac{card(B)}{card\Omega}$$

Ce qui donne que

$$P(B) = \frac{N(N-1)(N-2)...(N-(N_j-1))}{\sum_{p=1}^{k}(-1)^{k-p}C_k^p p^N} \simeq \frac{N^j}{k^N}$$

qui est proche de 0 quand N (le nombre de votants) est important.

Nous savons que lorsqu'un serveur traite un nombre important de messages, la probabilité qu'un serveur détecte un message afin de le modifier est très faible.

2.6 Conclusion

Nous avons présenté une nouvelle technique de distribution des messages dans le réseau de mélangeurs diminuant la probabilité des deux attaques de l'approche classique : celle de l'étiquetage des messages par le premier et le dernier serveur malicieux du réseau ainsi que celle basée sur la modification du dernier serveur de la liste des messages du serveur précédent.

Notre schéma de distribution suppose l'existence d'une Autorité de Confiance qui pourrait être distribuée de façon à réduire au maximum sa confiance.

Comme perspectives à cette contribution, il serait intéressant d'améliorer la méthode de distribution des messages dans ces réseaux de mélangeurs de manière à ne plus supposer l'existence d'une autorité de confiance. De plus, l'expérimentation et l'implémentation d'une telle approche constituent des axes de travaux futurs intéressants.

Chapitre 3

Utilisation de la cryptographie elliptique dans le vote électronique

Sommaire

3.1 Introduction

Les propriétés de sécurité et en particulier la préservation de l'anonymat dans les protocoles de vote électronique sont souvent assurées par des techniques dont la mise en oeuvre est coûteuse[61]. La cryptographie à base de courbes elliptiques[10] représente une alternative intéressante aux techniques existantes.

Dans ce chapitre, nous considérons un protocole de vote électronique basé sur les pairings[78]. Ce protocole présente des faiblesses lors de la phase d'enregistrement aux niveaux de la préservation de l'anonymat et du double vote du votant. Ce qui nous a amené à améliorer la phase d'enregistrement[87]. Nous utilisons également, de nouvelles primitives cryptographiques basées sur l'homomorphisme des pairings et sur l'identité afin de vérifier la prise en considération des bulletins des votants par les autorités de comptage[91].

3.2 Définitions et notations de base

Nous présentons dans cette section, les concepts mathématiques des pairings[58][55].
soit G_1 un groupe cyclique additif d'ordre un nombre premier q et G_2 un groupe multiplicatif du même ordre q. Une fonction $e : G_1 \times G_1 \rightarrow G_2$ est appelée un couplage bilinéaire cryptographique (appelé aussi pairing) si elle satisfait les propriétés suivantes :

1. bilinéarité : pour tout P, $Q \in G_1$ et a, $b \in \mathbf{Z}$, $e(aP, bQ) = e(P, Q)^{ab}$;

2. non dégénérescence : $e(P, P)$ est un générateur de G_2 et ainsi $e(P, P) \neq 1$;

3. calculabilité : il existe un algorithme efficace pour calculer $e(P, Q)$ pour tout $P, Q \in G_1$.

3.3 La cryptographie à base d'identité

Un attrait de la cryptographie elliptique est qu'un opérateur bilinéaire peut être défini entre les groupes. Cet opérateur appelé *pairing* se base sur le couplage de Weil ou le couplage de Tate[58]. Dés le début des années 2000, les pairings ont été introduits dans de nombreuses primitives cryptographiques comme les signatures, ou le chiffrement. Mais l'application qui demeure la plus importante des pairings est probablement la cryptographie à base d'identité. En effet, un des gros problèmes des cryptosystèmes à clé publique est la gestion des clés. Comment être sûr que la clé publique utilisée est bien la bonne clé publique ? Il existe des autorités de certification mais celles-ci ne sont pas reconnues partout et la mise en place d'une infrastructure à clé publique (PKI) est très coûteuse. C'est Shamir[72], qui en 1984 a émis l'idée d'utiliser l'identité des personnes comme clé publique. Il proposa de ne plus avoir recours à de coûteuses PKI : la clé d'un individu est directement liée à son identité : par exemple son adresse email. Lorsque A a besoin d'envoyer un message à B, il chiffre son message en utilisant la clé publique de B qu'il retrouve à partir d'informations identifiant B. Á la réception du message, B obtient sa clé privée d'un tiers appelé PKG (*Private Key Generator*) après s'être authentifié. La clé privée obtenue dépend d'une clé appelée clé maître et de l'identité de B. Le premier protocole de chiffrement basé sur l'identité a été proposé en 2001 par Boneh et Franklin[10]. Son principal défaut est que le PKG connaît la clé privée de B. Ce défaut peut être corrigé en utilisant un PKG distribué comme celui de Pedersen[65] ou Gennaro et al.[39]. Dans ces protocoles, une clé maître est générée de manière distribuée. Chacun des m PKGs construit aléatoirement un fragment. Il suffit alors qu'une partie de ces m PKGs soit en ligne pour pouvoir récupérer la clé privée.

Nous décrivons par la suite le schéma de chiffrement (qui correspond aux étapes Setup, Extract, Encrypt, Decrypt) et le schéma de signature (qui correspond aux étapes Setup, Extract, Sign, Verify) :

1. **Setup** : le centre de génération de clés (PKG) construit les paramètres de sécurité. Pour cela, il génère deux groupes G_1 (additif) et G_2 (multiplicatif) d'ordre un nombre premier q, ainsi qu'un pairing $e : G_1 \times G_1 \rightarrow G_2$ et choisit un générateur $P \in G_1$ (où P est un point d'une courbe elliptique E définie sur un corps F_p avec $q|p^k - 1$). La clé maître est notée s et on pose $P_{pub} = sP$. Le PKG choisit aussi trois fonctions de hachage : $H_1 : \{0,1\}^* \rightarrow G_1$, $H_2 : G_2 \rightarrow \{0,1\}^*$ et $H : \{0,1\}^* \rightarrow \{0,1\}^\lambda$, où λ est un entier fixé (160 dans le cas de SHA-1) ;

2. **Extract** : à partir d'une identité donnée i, les paramètres de sécurité et la clé maître, l'algorithme génère la clé privée d_i de i de la façon suivante : $d_i = sQ_i$ avec $Q_i = H_1(i)$. Le PKG utilise cet algorithme pour calculer la clé privée de toutes les entités qui participent au schéma, et distribue les clés privées aux propriétaires respectifs à travers un canal sécurisé ;

3. **Encrypt** : à partir de l'identité i, d'un message m et des paramètres de sécurité, un utilisateur chiffre le message de la manière suivante :

   (a) il choisit un nombre aléatoire $r \in Z_q^*$;

   (b) il calcule le chiffré $C = < rP, M \oplus H_2(e(P_{pub}, Q_i)^r) >$.

4. **Decrypt** : à partir de $C = < U, V >$, le déchiffreur calcule $V \oplus H_2(e(U, d_i))$;

5. **Sign** : soit M, le message à signer

   (a) le signataire choisit $t \in Z_q^*$ et calcule $R = tP, \quad h = H_2(M, R)$;

   (b) il calcule $S = tP_{pub} + hd_i$;

   (c) la signature de M est (R, S).

6. **Verify** : le vérifieur calcule $h = H_2(M, R)$ et $T = R + hQ_i$. La signature est acceptée si $e(P, S) = e(P_{pub}, T)$.

3.4 Description de la phase d'authentification

Nous présentons dans cette section un protocole d'authentification[91] qui se compose de trois entités : Utilisateur, Serveur d'Enregistrement et Serveur d'Authentification. L'utilisateur s'enregistre auprès du Serveur d'Enregistrement afin d'accéder aux services du système de vote.

Durant la phase d'enregistrement, l'utilisateur reçoit des informations qui lui permettent de s'authentifier auprès du Serveur d'Authentification.

3.4.1 Les serveurs présents dans le système

1. Un Serveur d'Enregistrement SE qui permet l'enregistrement des nouveaux utilisateurs :
   - SE sélectionne une clé secrète S ;
   - SE calcule la clé publique $Pub_{SE} = SP$

2. Un Serveur d'Authentification SA qui permet d'authentifier les utilisateurs enregistrés :
   - SA sélectionne une clé secrète S_0 ;
   - SA calcule la clé publique $Pub_{SA} = S_0 P$;
   - SA et SE calculent par coopération $S_M = S_0 S$.

3. Les paramètres publics du système : $< G_1, G_2, e, q, P, Pub_{SE}, S_M P, H_1, H_2 >$

3.4.2 Enregistrement hors ligne des utilisateurs

Le votant se déplace à un bureau de vote pour s'enregistrer et récupérer des données qui lui permettent de s'authentifier auprès de SA lors de la phase de connexion. Ces données peuvent être utilisées pour toutes autres élections.

1. SE vérifie la légitimité du votant :
   - Le votant introduit son identifiant ID_i et son mot de passe PW_i afin de s'enregistrer auprès du SE ;
   - Le SE donne à l'utilisateur $S_{ID_i} = SH_1(ID_i)$ et $P_{ID_i} = H_1(PW_i)$;
   - Le SE partage ces deux informations S_{ID_i} et P_{ID_i} avec le serveur SA.

2. Comme cette phase se déroule hors ligne, alors on ne peut en aucun cas (lors de la phase d'authentification) lier l'identité de l'utilisateur enregistré ID_i à S_{ID_i}.

3.4.3 Phase de connexion

Cette phase s'exécute en ligne lors de l'accès du votant au système.

1. Le votant saisi (S_{ID_i}, PW_i) dans la page d'accès du système de vote, afin de vérifier qu'il s'est enregistré ;

2. Le votant choisit $r_1 \in_R Z_q^*$ et saisie sa pseudo identité $r_1 H_1(ID_i) = id_i$ afin de garantir l'anonymat.

3.4.4   Vérification de l'exactitude des paramètres

– Le système vérifie :

1. La présence de S_{ID_i} dans la liste des S_{ID_i} envoyé par le SE ;

2. L'exactitude de P_{ID_i} avec $H_1(PW_i)$.

– Le système envoie au votant sa clé privée $S_M id_i$ avec S_M qui se calcule par coopération des deux serveurs SE et SA, comme suit :

1. $SP = Pub_{SE} = P_1$ avec S la clé privée de SE ;

2. $S_0 P_1 = S_0 SP = P_2 = S_M P$ avec S_0 la clé privée du SA.

– Le système utilise un timestamp, afin de contourner le rejeu des messages, et procède comme suit :

1. Il choisit un nombre $r \in_R Z_q^*$ et calcule $V = rP$ et $W = r^{-1}(S_M id_i + hP)$ avec $h = H_2(t \parallel V_x \parallel V_y)$ où t est l'horloge du système, $\parallel$ opérateur de concaténation et (V_x, V_y) coordonnées de V dans la courbe elliptique E ;

2. Il envoie au Serveur d'Authentification SA le tuple suivant : (V, W, t, id_i).

3.4.5   Authentification du votant

SA vérifie le délai de transfert du message à son reçu de requête du système à l'instant t^*. SA compare $(t^* - t)$ avec le temps de transfert Δt.

Le votant est authentifié et a le droit de participer au processus de vote si et seulement si SA vérifie que $e(W, V) = e(S_0 id_i, Pub_{SE}) * e(P, P)^h$.

Étape de vérification :

SA utilise la bilinéarité des pairings afin de vérifier l'exactitude des informations reçues :

Étape 1 : $e(W, V) = e(r^{-1}(S_M id_i + hP), rP)$

Étape 2 : $e(W, V) = e(S_M id_i, P) * e(hP, P)$

Étape 3 : $e(W, V) = e(S_M id_i, P) * e(P, P)^h$

Étape 4 : $e(W, V) = e(S_0 S id_i, P) * e(P, P)^h$

Étape 5 : $e(W, V) = e(S_0 id_i, Pub_{SE}) * e(P, P)^h$

La séparation des deux autorités SE et SA, permet à SE de s'assurer de la légitimité du votant (hors connexion), la vérification par SA des données introduites par le votant lors de son enregistrement, assure le non double vote lors de la phase de connexion lorsque le votant introduit S_{ID_i} et PW_i, garantit l'anonymat du votant lorsqu'il utilise id_i et garantit qu'un malicieux ne peut pas rejouer le même message en utilisant des timestamp.

3.5   Un protocole de vote électronique basé sur les pairings

Pour simplifier les notations, nous considérons une seule autorité d'enregistrement appelée AE au lieu du serveur d'enregistrement SE et du serveur d'authentification SA (voir section 3.4). Les entités du protocole sont :
- Les l votants, notés V_i pour $1 \leq i \leq l$;
- L'autorité d'enregistrement, noté AE ;
- Le scrutateur, noté T ;
- Le vérifieur, noté V_f ;
- L'émetteur de bulletins, noté EB. Chaque votant se procure un bulletin auprès de l'EB ;
- Le tableau d'affichage TA. Ce tableau permet de rendre publique les principaux résultats des calculs effectués durant les phases de vote.

Chaque bulletin vierge (voir figure 3.1) comprend quatre informations : son numéro B_N, le nom des candidats nom_j, le numéro des candidats C_j et les contre-valeurs C_{v_j}.

Numéro de bulletin B_N			
Pseudo ID C_j	Nom du candidat nom_j	Choix	Contre-valeur C_V
0	Ségo	☒	C_{v_1}
1	Nico	☐	C_{v_2}
2	François	☐	C_{v_3}

FIGURE 3.1 – Format d'un bulletin de vote

Le numéro de bulletin est unique. Le numéro du candidat peut être assimilé à une pseudo-identité. Il peut s'agir par exemple de la position des candidats dans l'ordre du bulletin (0 pour le premier candidat, 1 pour le deuxième etc...). L'ordre des candidats dans un bulletin est calculé à partir d'un ordre initial (le même pour tous les bulletins) et d'une valeur de décalage appelée offset (pour plus de détails, voir [80]). Les contre-valeurs servent à la vérification.

Le scrutateur est constitué de serveurs scrutateurs. Il existe un serveur pour chaque candidat. La clé publique du serveur scrutateur i est directement dérivée du numéro du candidat i. Pour voter, le votant chiffre le numéro du bulletin avec la clé publique du serveur scrutateur correspondant au numéro du candidat choisi puis signe le tout.

L'autorité d'enregistrement, le scrutateur et le vérifieur sont les trois autorités du protocole. Pour que le protocole puisse fonctionner, il est impératif qu'au moins une de ces autorités soit honnête. Chacune d'elles peut d'ailleurs être distribuée. En particulier, le scrutateur est composé d'autant de serveurs que de candidats. L'ensemble des autorités fait office de PKG distribué. En d'autres termes, chaque autorité connaît un fragment de clé maître et certains calculs ne peuvent être effectués que lorsque les trois autorités collaborent. Pour chaque phase, il existe un secret partagé par les autorités :

1. Les germes g_i pour la construction du numéro des bulletins B_N et offsets : chaque autorité choisit aléatoirement un germe g_i pour chaque bulletin. Le numéro de bulletin (unique) est construit de la manière suivante :

$$B_N = \{g_3, \{g_2, \{g_1, D_1\}_{PK_T}\}_{PK_{V_f}}\}_{PK_{AE}},$$

où $\{g_1, D_1\}_{PK_T}$ représente le chiffrement de g_1 et D_1 avec la clé publique du scrutateur. La valeur D_1 est choisie aléatoirement par le scrutateur. C'est l'AE, qui chiffre en dernier et obtient le numéro de bulletin.

L'offset permet de modifier l'ordre des candidats dans un bulletin à partir de l'ordre initial. L'ordre de chaque candidat est décalé de la valeur de l'offset. Il est ensuite recalculé, après que le vote est terminé, pour la phase de comptage. Il permet alors de retrouver l'ordre des candidats dans le bulletin.

$$Offset = \sum_{i=1}^{3} H(g_i) \mod m,$$

où m est le nombre de candidats. Lors de la création du bulletin, le numéro de bulletin et l'offset sont calculés par l'AE avec l'aide des deux autres autorités. Lors de la phase de comptage, c'est le scrutateur qui calcule l'offset avec l'aide du vérifieur et de l'AE ;

2. Le secret S_A pour la construction de la contre-valeur C_v qui sert de reçu au votant et permet de vérifier le vote à posteriori. La contre-valeur dépend de B_N et du candidat choisi. Il existe un unique C_v par bulletin et par candidat. En d'autres termes, il existe m valeurs différentes de C_v pour chaque bulletin vierge mais un unique C_v pour chaque vote. La clé S_A est la somme des fragments $S_i \in_R Z_q$ de chaque autorité : $S_A = S_1 + S_2 + S_3$;

3. Le secret S_M pour le chiffrement et la signature des votes. La clé S_M est le produit des fragments $S_i' \in_R Z_q$ de chaque autorité : $S_M = S_1' S_2' S_3'$.

Nous décrivons maintenant les différentes phases du protocole.

3.5.1 Enregistrement et accès au système

Chaque votant doit s'enregistrer auprès de l'autorité d'enregistrement afin d'obtenir un *login* ainsi qu'une clé privée correspondante qui lui permettra d'accéder au système. Le nombre de votants est en général très important et la mise en place d'une PKI est obligatoire dans le cadre de la cryptographie traditionnelle (c'était le cas par exemple lors de l'élection de 2005 en Estonie pour gérer environ 800 000 clés)[33]. La cryptographie basée sur l'identité permet de se passer de cette coûteuse infrastructure. L'autorité d'enregistrement alloue au votant une *pseudo-identité* Id_i. La clé publique du votant est $Q_{Id_i} = H_1(Id_i) \in G_1$ et la clé privée correspondante n'est connue que du votant. Pour l'obtenir, le votant adresse une requête à l'autorité d'enregistrement, mais cache son identité de la manière suivante : il choisit un nombre aléatoire r et envoie à l'AE la valeur rQ_{Id_i}. L'AE lui renvoie la valeur $S_M r Q_{Id_i}$ et le votant récupère sa clé privée $Pr_i = S_M Q_{Id_i}$. Notons que la valeur que l'AE lui renvoie a été construite avec la collaboration des deux autres autorités puisque aucune autorité ne connaît S_M. Chaque autorité multiplie la valeur reçue par son fragment et transfère le résultat à l'autorité suivante. Le protocole est décrit dans [8]. Le votant accède alors au système grâce à sa pseudo-identité et sa clé privée Pr_i. Notons que le PKG ne connaît pas les clés privées des votants.

3.5.2 Contre-valeurs

Les contre-valeurs sont calculées pour chaque candidat. Ces valeurs dépendent du numéro de bulletin et du nom du candidat. Lorsque le candidat C_j est choisi, la valeur C_{v_j} est remise au votant et fait office de reçu. La contre-valeur C_{v_j} permet aux autorités de vérifier le vote. Son calcul s'effectue par collaboration des trois autorités car il utilise la clé maître S_A.

$$C_{v_j} = e(Q_{nom_j}, S_A Q_{B_N}),$$

où $Q_{nom_j} = H_1(nom_j)$ et $Q_{B_N} = H_1(B_N)$ sont deux points de la courbe elliptique E correspondant respectivement au candidat choisi et au numéro de bulletin. Le calcul de la valeur est effectué collaborativement et utilise la propriété d'homomorphisme du pairing e. En effet,

$$e(Q_{nom_j}, S_A Q_{B_N}) = e(Q_{nom_j}, S_1 Q_{B_N}).e(Q_{nom_j}, S_2 Q_{B_N}).e(Q_{nom_j}, S_3 Q_{B_N});$$

Nous verrons par la suite comment les contre-valeurs sont utilisées pour la vérification du vote.

3.5.3   Vote et comptage

Lorsque le votant choisit un candidat de nom nom_j et numéro C_j, il chiffre le numéro de bulletin avec comme clé publique $Q_{C_j} = H_1(C_j)$, pour obtenir la valeur $\mathcal{E}$.

Remarque : contrairement aux méthodes utilisant les réseaux de mélangeurs, le bulletin n'est ici chiffré qu'une seule fois.

Nous avons

$$\mathcal{E} = E_{Q_{C_j}}(B_N),$$

avec $\mathcal{E} = B_N \oplus H_2(e(P_{pub}, Q_{C_j}))$. Le scrutateur reçoit le chiffré et le publie sur le TA (afin que le votant puisse vérifier que son vote a été pris en compte) mais doit attendre la fin du vote pour pouvoir déchiffrer le message. Il ne peut pas tricher (et déchiffrer le message avant la fin du processus de vote) car le déchiffrement ne peut se faire qu'avec l'aide des deux autres autorités. En effet, la clé de déchiffrement est $S_M Q_{C_j}$ et chaque autorité ne connaît qu'un fragment de la valeur S_M. Le déchiffrement révèle le numéro de bulletin et le scrutateur demande l'aide du vérifieur et de l'AE pour obtenir l'offset. Grâce à l'offset, il peut identifier le nom du candidat correspondant à la pseudo-identité. Le compteur du candidat choisi est alors incrémenté et publié au TA.

3.5.4   Vérification

Pour vérifier la prise en compte des bulletins des votants par l'autorité de comptage, la phase de vérification s'articule autour de deux phases : Elle consiste d'abord en la reconstruction de la contre-valeur associée au bulletin et au nom du candidat. À partir du numéro de bulletin et du nom du candidat associé, chaque autorité calcule son fragment de contre-valeur. Les contre-valeurs sont alors publiées au TA. Elles doivent être identiques aux reçus des votants. Ainsi, chaque votant peut vérifier que son vote a été pris en compte.

La deuxième phase utilise la propriété d'homomorphisme des pairings pour vérifier l'exactitude du comptage. Á la fin de l'élection, chaque autorité k publie le décompte de chaque candidat

$$\sigma_{k,nom_j} = \sum_{i=1}^{l_j} S_k Q_{B_{N_i}(nom_j)},$$

où l_j désigne le nombre de votes reçus par le candidat j et où $B_{N_i}(nom_j)$ représente le numéro de bulletin du vote i et qui correspond à un candidat de nom nom_j. Le comptage de chaque candidat est vérifié si

$$\prod_{i=1}^{l} C_{v_i} = \prod_{k=1}^{3} e(Q_{nom_1}, \sigma_{k,nom_1}).e(Q_{nom_2}, \sigma_{k,nom_2}) \ldots e(Q_{nom_m}, \sigma_{k,nom_m}),$$

où $\prod_{i=1}^{l} C_{v_i}$ est le produit de toutes les contre-valeurs. Cette égalité, qu'on note (1), utilise la propriété de bilinéarité de e.

En effet, on a

$$\prod_{k=1}^{3} e(Q_{nom_1}, \sigma_{k,nom_1}) = e(Q_{nom_1}, \sum_{k=1}^{3} \sigma_{k,nom_1}).$$

Si le décompte de chaque candidat est correct, il doit être le même pour les trois autorités et l'équation (1) doit être vérifiée. Notons que le votant n'a pas la possibilité de retrouver son vote à partir de C_v et des valeurs publiées. Il ne peut donc pas prouver qu'il a voté pour un candidat donné.

3.6   Conclusion

Les propriétés des pairings sont particulièrement bien exploitées dans ce protocole. Les pairings permettent d'obtenir un cryptosystème basé sur l'identité, avec tous les avantages que cela procure au niveau de la gestion des clés, de la longueur des clés et de la topologie du système (absence d'infrastructure de gestion de clés ou de réseaux de mélangeurs).

Dans ce chapitre, nous avons présenté un protocole de vote électronique en ligne basé sur les pairings. Nous avons en particulier décrit l'apport de ce protocole au niveau de la phase d'enregistrement et les avantages d'utiliser un serveur d'enregistrement et un serveur d'authentification pour garantir l'anonymat et le non double vote. Nous avons aussi souligné les avantages de la phase de vérification et l'utilisation des pairings qui permettent de simplifier le processus de vérification grâce à leur propriété homomorphique.

Comme perspectives à ces travaux, il serait intéressant de concevoir un bulletin de vote plus simple à utiliser pour les votants. Dans ce cas, il serait possible de s'inspirer de la structure des bulletins de vote du système de Three Ballot[66]. De même, garantir la propriété de la résistance à la coercition de ce protocole est un point important. Enfin, l'expérimentation et l'implémentation de ce protocole constituent des axes de travaux futurs intéressants.

Chapitre 4

Un protocole de vote électronique à distance résistant à la coercition

4.1 Introduction

Le vote électronique en ligne est critiqué par de nombreuses personnes. Leurs critiques se situent en particulier au niveau des problèmes de coercition et de vente des voix. Les votants peuvent voter de n'importe quel endroit, et les adversaires peuvent facilement les influencer. Dans le but de gagner le maximum de voix pour son candidat, un adversaire peut offrir de l'argent aux votants afin qu'ils se soumettent à ses exigences. Les adversaires peuvent automatiser leur attaque[46].

La résistance à la coercition[53][6] est une propriété qu'on doit garantir pour contrecarrer les attaques de coercition dans les protocoles de vote électronique.

Cette notion a été introduite par Juels, Catalano, et Jakobsson (JCJ) à WPES 2005[53] avec un protocole de vote qui satisfait cette propriété de sécurité. Malheureusement, leur approche présente une complexité quadratique (le comptage par les autorités est quadratique par rapport au nombre de votes) et par conséquent, elle n'est pas exploitable pour des élections à grande échelle[53]. Basés sur les travaux de JCJ, Schweisgut[71] et Acquisti[3] ont proposé des protocoles plus efficaces.

Dans ce chapitre, nous montrons que les deux protocoles de Schweisgut[71] et Acquisti[3] sont défaillants. En particulier, nous montrons que ces deux protocoles sont vulnérables à l'attaque qui permet à un adversaire de vérifier si un électeur a suivi ou non ses instructions.

Nous présentons ensuite dans ce chapitre, notre protocole de vote à distance qui a une complexité linéaire et qui élimine les inconvénients de ces précédents protocoles.

Ensuite, nous présentons la preuve de sécurité que notre protocole de vote à distance est résistant à la coercition.

4.2   Les travaux existants

La première apparition du protocole de Juels, Catalano, and Jakobsson (JCJ) fut en 2002 dans *Cryptology ePrint Archive*[52]. Après une amélioration, le protocole a été publié en 2005 dans WPES[53]. Il fut l'article exemplaire de la sécurité des protocoles de vote électronique. La proposition de JCJ se base sur l'utilisation de credentials anonymes pour contrecarrer les attaques de coercition. Le votant reçoit un credential valide [1] via un canal sécurisé qui lui permet de voter (voir la section 4.4.1). Sous coercition, le votant utilise un faux credential [2] et suit les instructions de l'adversaire. Quant il se retrouve seul, le votant utilise son credential valide, c'est le vote qui va être comptabilisé. L'adversaire est incapable de distinguer le credential valide du credential invalide. Ce protocole souffre d'un inconvénient qui l'empêche d'être efficace à grande échelle. Cet inconvénient n'est autre que sa complexité quadratique.

S'inspirant du protocole de JCJ, plusieurs protocoles de résistance à la coercition ont vu le jour.

Acquisti [3] présente un protocole dont le vote et le credential sont combinés en utilisant la propriété d'homomorphisme[42]. Meng[57] propose une solution similaire à celle de Acquisti. Clarkson et al.[28][26] présentent un protocole similaire à celui de Prêt-à-Voter[80] via Internet, basé sur la méthode de déchiffrement dans les réseaux de mélangeurs. Schweisgut[71] et plus récemment Clarkson et al.[27] proposent des protocoles qui atténuent l'inefficacité du protocole de JCJ. Le protocole de Schweisgut est relié à la méthode de déchiffrement des réseaux de mélangeurs et à un appareil appelé *tamper-resistant*

---

1. Une chaîne alphanumérique envoyée par AE au votant pour que son vote soit validé.
2. Une chaîne alphanumérique créée par le votant pour éluder l'adversaire.

hardware. Le protocole de Clarkson et al. est une version modifiée de JCJ. En outre, Smith [74] propose un protocole similaire à celui de JCJ avec une complexité linéaire. Weber et al.[84] ont détecté des problèmes dans le protocole de Smith et proposent un protocole basé sur l'idée combinée de JCJ et une modification du protocole de Smith. Les solutions de Smith et de Weber ne sont pas résistants à la coercition[5]. Le protocole le plus résistant à la coercition est celui de Araújo, Foulle, et Traoré[5]. Notre contribution se base sur l'amélioration de leur protocole en utilisant un credential plus facile à construire qui permet d'avoir une complexité linéaire de l'approche. Á la différence de leur contribution, nous prouvons que notre protocole de vote est résistant à la coercition[6].

Dans ce chapitre, nous présentons en premier lieu, deux protocoles de vote et montrons qu'ils sont vulnérables à des attaques de coercition. Ces deux protocoles attribués à Schweisgut[71] et Acquisti[3] utilisent des idées similaires que celles de JCJ[53]. En second lieu, nous présentons notre protocole de vote qui est applicable à une élection à grande échelle, et nous prouvons qu'il est résistant à la coercition.

4.3 Attaques sur des protocoles connus résistants à la coercition

Dans cette section, nous décrivons brièvement les protocoles de Schweisgut[71] et Acquisti[3], puis, les faiblesses et les attaques identifiées sur ces deux protocoles. Tout d'abord, nous allons décrire une interaction entre les différentes entités du protocole de vote de JCJ[53] en présence d'un adversaire. La figure 4.1 illustre le principe général du protocole de vote de JCJ où le votant utilise un credential valide pour voter et un credential invalide pour éluder un attaquant. La majorité des systèmes de vote qui visent à être résistants à la coercition suivent ces étapes :

- Les autorités d'enregistrement coopèrent entre elles et créent pour chaque votant un credential aléatoire qui lui permet de voter ;
- L'autorité d'enregistrement envoie à chaque votant un credential aléatoire et valide ;
- L'autorité d'enregistrement sauvegarde une liste V de credentials chiffrés qu'elle utilise pour la validité des credentials ;
- En cas de présence d'un adversaire, le votant utilise un faux credential pour l'éviter ;
- En cas où le votant se présente seul devant sa machine, il chiffre son vote et son credential et envoie son bulletin au tableau d'affichage ;
- Le scrutateur récupère tous les bulletins chiffrés des votants (liste L), et procède au

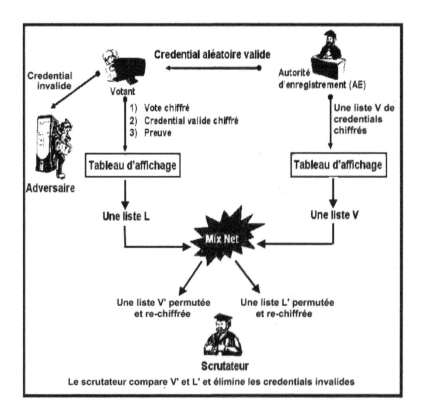

FIGURE 4.1 – Interactions entre les différentes entités du protocole de JCJ

mixage ;

– Les deux listes L et V seront permutées. Á la sortie du réseau de mélangeurs, on obtient L' et V' ;

– Une comparaison entre les deux listes sur la validité du credential permet une comptabilisation des bulletins.

4.3.1 Description du protocole de Schweisgut

Le protocole de Schweisgut[71] utilise des credentials anonymes comme ceux utilisés dans le protocole de JCJ[53]. Ces credentials identifient les votants légitimes sans révéler leur identité. Les votants peuvent utiliser des faux credentials pour éluder la pression faite par l'adversaire. L'adversaire ne peut pas différencier entre le credential valide et le credential invalide.

En particulier, le protocole de Schweisgut utilise seulement deux credentials : Un credential valide pour que le vote du votant soit compté et un credential invalide pour éviter l'adversaire. Ces deux credentials sont enregistrés dans un appareil appelé *observer* dédié à chaque votant. Le protocole considère un générateur public g ainsi que d'autres paramètres publics et une paire de clés générée par le cryptosystème d'ElGamal[34] pour l'autorité *Tallier* (T est la clé publique). Le protocole de Schweisgut, s'articule autour de trois phases : la phase d'enregistrement, la phase de vote et la phase de comptage.

1. **La phase d'enregistrement :** Après l'authentification des votants, l'autorité d'enregistrement génère un credential aléatoire σ considéré comme valide, elle le chiffre par T, elle obtient $E_T[\sigma]$ que le votant enregistre dans son *observer*. Le votant génère un faux credential aléatoire σ', il le chiffre $E_T[\sigma']$ et l'enregistre dans son *observer*. Á la fin de cette phase, l'autorité d'enregistrement envoie la liste des credentials valides et chiffrés au réseau de mélangeurs et publie le résultat du réseau de mélangeurs.

2. **La phase de vote :** Afin de voter, le votant interagit avec son *observer*. Il choisit deux nombres aléatoires a et a'. Pour chiffrer son vote v, il utilise a, il obtient $E_T[v]$. Il calcule $g^{a'}$ et il l'envoie avec $E_T[v]$ à son *observer*. L'*observer* choisit deux nombres aléatoires b et b'. Il re-chiffre $E_T[v]$ par b et obtient $E_T[v]'$. Il re-chiffre ensuite $E_T[\sigma]$ (ou $E_T[\sigma']$ dans le cas du faux credential) et obtient $E_T[\sigma]'$. L'*observer* calcule ensuite $g^{a'+b'}$ et $O = [b.H(g, E_T[v]', E_T[\sigma]', g^{a'+b'}) + b']$, où H est une fonction de hachage. Il envoie au votant $< g^{a'+b'}, E_T[v]', E_T[\sigma]', O >$, où O est une preuve de non-malléabilité. Le votant calcule $O' = [(a+b).H(g, E_T[v]', E_T[\sigma]', g^{a'+b'}) + (a'+b')]$ et publie sur le tableau d'affichage $< g^{a'+b'}, E_T[v]', E_T[\sigma]', O', P >$, où P est une preuve de l'exactitude de $E_T[v]'$.

3. **La phase de comptage :** L'autorité *Tallier* vérifie la preuve de non-malléabilité O' et P. Après élimination des votes invalides, l'autorité applique PET (Plaintext Equality Test)[43] (voir la section 1.1.5) afin d'identifier les messages qui possèdent des credentials similaires. L'autorité garde le dernier message de chaque duplicata. L'autorité envoie les votes (composés des paires $< E_T[v]', E_T[\sigma]' >$) au réseau de mélangeurs. Enfin, les credentials à la sortie du réseau de mélangeurs seront comparés aux credentials de la phase d'enregistrement. La paire en clair (vote,credential) est

publiée sur le tableau d'affichage et donc toute personne peut vérifier son exactitude.

4.3.2   Failles du protocole de Schweisgut

1. **Faiblesse :** Les credentials valides utilisés par les votants seront publiés en clair pour que les autorités puissent les vérifier. Cette faiblesse engendre la non utilisation des credentials pour une autre élection. Si les credentials valides sont divulgués, n'importe qui peut les chiffrer par la clé publique du protocole et les réutiliser pour un vote illégitime.

2. **Attaque :** L'adversaire demande au votant de lui révéler le credential σ qu'il a obtenu lors de la phase d'enregistrement. Le votant va lui révéler un chiffré $E_T(\sigma) = (g^a, \sigma h^a)$ pour une certaine valeur $a \in_R Z_q$. Le votant peut révéler un autre chiffré que celui qu'il a réellement obtenu des autorités d'enregistrement mais on va voir que l'adversaire peut déterminer la non validité du credential.

   L'adversaire va donc essayer de déterminer si $E_T(\sigma)$ correspond bien au chiffré d'un credential valide ou non. Pour ce faire, il choisit un entier $t \in_R Z_q$ et calcule $E'_T(\sigma) = E_T(\sigma)^t = (g^{at}, \sigma^t h^{at})$. La valeur t doit être inconnue du votant.

   Soit m le candidat que l'adversaire supporte. L'adversaire va générer deux bulletins pour le candidat m :

   – Le premier en utilisant le credential $E_T(\sigma)$;

   – Le second en utilisant le credential $E'_T(\sigma) = E_T(\sigma)^t$.

   Pour ces deux bulletins, l'adversaire génère également les preuves de non-malléabilité qui conviennent. L'adversaire peut établir facilement ces preuves, il n'a pas besoin d'utiliser un observer pour cela.

   Lors du dépouillement, tous les bulletins vont être mélangés en utilisant le réseau de mélangeurs. Les doublons vont être éliminés grâce à PET[43] (voir la section 1.1.5). Á la fin de cette phase, tous les bulletins sont déchiffrés. On va donc obtenir une list L de credentials en clair. Dans cette liste L, on doit retrouver σ et σ^t qui correspondent aux credentials des deux bulletins soumis par l'adversaire. L'adversaire va ensuite utiliser la liste L pour identifier la valeur σ correspondant au credential $E_T(\sigma)$ qu'il ne connaît pas à priori. Pour ce faire, il va effectuer pour chaque paire (σ_1, σ_2) de L, le test suivant :

   – Il calcule $S = \sigma_1^t$ et vérifie si S est égal à σ_2. Si S est égal à σ_2 cela signifie que $\sigma_1 = \sigma$. La probabilité qu'une autre paire passe ce test est négligeable ;

   – Dans le cas contraire, il essaye une autre paire de L jusqu'à ce qu'il obtienne l'égalité recherchée. Grâce à ce test, il peut retrouver la valeur σ du credential que le votant lui a remis.

La liste V des credentials valides en clair est publiée à la fin du processus de dépouillement. L'adversaire vérifie si ce credential fait partie de la liste V des credentials valides. Ainsi, il peut vérifier la coopération du votant.

4.3.3   Description du protocole d'Acquisti

Similaire au protocole de Schweisgut[71], le protocole d'Acquisti[3] se base sur la même idée de JCJ[53]. Le votant reçoit un credential valide des autorités et l'utilise pour que son vote soit compté. Pour éviter l'adversaire, le votant utilise un faux credential. Dans le protocole d'Acquisti, le votant reçoit des autorités des fragments de son credential qu'il combine avec son choix.

Les autorités utilisent deux ensembles de clés, appartenant au cryptosystème de Paillier[64], basé sur la propriété d'homomorphisme : un ensemble de clés utilisées pour le chiffrement des credentials (T_C : est la clé publique), et un ensemble de clés utilisées pour le chiffrement des votes (T_V : est la clé publique). Les autorités utilisent un autre ensemble de clés asymétriques mais non homomorphiques[42]. Chaque autorité génère un fragment v_i du vote. Alors la somme de tous les fragments correspond au vote v du candidat valide. Chaque autorité chiffre son v_i avec T_C et T_V, elle obtient $E_{T_C}[v_i]$ et $E_{T_V}[v_i]$.

1. **La phase d'enregistrement :** Pour chaque votant, les autorités génèrent des nombres aléatoires qui constituent les fragments des credentials. σ_i représente un fragment généré par l'autorité A_i. L'autorité A_i chiffre σ_i par la clé T_C, signe le message chiffré et le publie sur le tableau d'affichage. Puis, elle chiffre σ_i par la clé T_V, ajoute une preuve de similarité entre les σ_i publiés sur le tableau d'affichage et les σ_i obtenus. Enfin, A_i envoie au votant le résultat obtenu en le chiffrant avec la clé publique du votant.

2. **La phase de vote :** Après déchiffrement des messages reçus des autorités et la vérification de l'exactitude des preuves, le votant multiplie tous les fragments du credential (en utilisant la propriété d'homomorphisme[42]) et obtient $E_{T_V}[\sigma]$. Puis, il accède au tableau d'affichage, il multiplie tous les $E_{T_V}[v_i]$ qui correspondent à son candidat et obtient $E_{T_V}[v]$. Le votant multiplie ces deux résultats ($E_{T_V}[\sigma]$ et $E_{T_V}[v]$) et obtient $E_{T_V}[\sigma + v]$. Á la fin de cette étape, le votant chiffre $E_{T_V}[\sigma + v]$ par la clé non homomorphique et publie le chiffré sur le tableau d'affichage.

3. **La phase de comptage :** Après la phase de vote, les autorités multiplient (en

utilisant la propriété d'homomorphisme[42]) les différents fragments des credentials valides de la phase d'enregistrement. Elles obtiennent $E_{T_C}[\sigma]$ qu'elles envoient au réseau de mélangeurs. La liste de sortie du réseau de mélangeurs est $E_{T_C}[\sigma]'$. Les autorités déchiffrent les messages chiffrés par la clé non homomorphique envoyés par les votants à la phase de vote. Elles obtiennent $E_{T_V}[\sigma + v]$. Cette liste est envoyée au réseau de mélangeurs pour donner $E_{T_V}[\sigma + v]''$. Pour chaque candidat, les autorités récupèrent du tableau d'affichage les fragments $E_{T_C}[v_i]$. Après multiplication des différents fragments et chiffrement du résultat, les autorités obtiennent $E_{T_C}[v]'$. Pour chaque credential $E_{T_C}[\sigma]'$, les autorités choisissent un vote $E_{T_C}[v]'$. Les autorités multiplient ces deux composantes, elles obtiennent $E_{T_C}[\sigma + v]'$, puis déchiffrent $E_{T_V}[\sigma + v]''$. S'il y a correspondance entre ces deux listes, alors le vote est valide et il sera compté.

4.3.4   Failles du protocole d'Acquisti

1. **Faiblesses :**
   – **Faiblesse 1 :** On ne peut pas re-voter (si le votant soumet plusieurs bulletins, il ne sait pas au final lequel sera comptabilisé). Le credential vérifié sera supprimé de la liste et l'algorithme ignore la comparaison avec les credentials qui lui sont similaires.
   – **Faiblesse 2 :** Les autorités affichent la somme du credential et du choix du votant en clair, ce qui peut engendrer une vérification de la validité du credential par l'adversaire.

2. **Attaques :**
   – **Attaque 1 :** L'adversaire génère deux credentials différents $E_{T_V}[\sigma_1]$ et $E_{T_V}[\sigma_2]$ et un même vote $E_{T_V}[v]$ (sachant que l'adversaire connaît les valeurs respectives de σ_1 et σ_2 et donc il peut chiffrer ces deux valeurs par la clé publique du protocole $E_{T_V}[\ ]$). Les deux bulletins chiffrés de l'adversaire sont : $E_{T_V}[\sigma_1 + v]$ et $E_{T_V}[\sigma_2 + v]$. L'adversaire menace le votant pour qu'il vote $E_{T_V}[v]$. Le votant donne à cet adversaire le credential $E_{T_V}[\sigma]$. L'adversaire vérifie la validité du credential donné par le votant en votant trois fois avec ce même credential $E_{T_V}[\sigma]$ et le choix imposé $E_{T_V}[v]$, comme suit : $E_{T_V}[\sigma + v], E_{T_V}[\sigma + 2v]$ et $E_{T_V}[\sigma + 3v]$. Lors du déchiffrement après le passage au réseau du mélangeurs, l'adversaire détecte ses bulletins en calculant la différence entre les différents bulletins. Une fois l'adversaire a trouvé la bonne $(\sigma_1 - \sigma_2)$ qui correspond à une valeur qu'il connaît,

il peut avoir la valeur v (sachant que l'adversaire utilise deux valeurs de credentials qu'il a généré à la phase de vote pour pouvoir détecter le choix v). Une fois la valeur v trouvée, l'adversaire utilise les trois paires $E_{T_V}[\sigma + v], E_{T_V}[\sigma + 2v]$ et $E_{T_V}[\sigma + 3v]$ pour obtenir la valeur du credential σ en faisant les soustractions entre les différents bulletins déchiffrés. La différence entre les différents bulletins doit correspondre à la valeur v (détectée auparavant). L'avantage du choix du troisième bulletin est celui d'avoir plus de chance d'obtenir la bonne valeur v. Une fois que l'adversaire a pu trouver la valeur du credential σ, il peut vérifier sa validité.

- **Attaque 2** : Le votant envoie à l'adversaire, sous la contrainte, un credential chiffré $E_{T_V}[\sigma]$. L'adversaire génère un très grand nombre l de bulletins identiques. Prenons par exemple $l = 2999$. Les l bulletins chiffrés que l'adversaire utilise se présentent comme suit : $E^1_{T_V}[\sigma + v]$, $E^2_{T_V}[\sigma + v]$,...., $E^{2999}_{T_V}[\sigma + v]$.

  On note par $E^i_{T_V}[\ ]$ avec ($i \in [1...2999]$) un re-chiffrement de $E_{T_V}[\sigma + v]$ par l'adversaire en utilisant des nombres aléatoires différents.

  L'adversaire a donc généré $l = 2999$ bulletins différents du texte clair $[\sigma + v]$.

  Lors du dépouillement, l'adversaire doit voir apparaître la valeur $[\sigma + v]$ au moins 2999 fois. La valeur qui apparaît au moins 2999 fois dans la liste des bulletins dépouillés correspond a priori au bulletin que l'adversaire a généré à l'identique 2999 fois. Il a ainsi identifié $[\sigma + v]$ et donc peut savoir si σ est un credential valide ou non.

  Pour contrecarrer cette attaque, le votant pourrait très bien soumettre également un très grand nombre de bulletins identiques. Mais cela est risqué car il ne connaît pas à priori la valeur l que l'adversaire va utiliser.

4.4 Notre nouveau protocole de vote

Cette section vise à définir les principales notations et les hypothèses dont nous nous servirons pour décrire notre protocole de vote.

Introduction

La résistance à la coercition[28][53][6] est l'une des propriétés les plus importantes dans les protocoles de vote électronique. Cette notion a été introduite par Jules, Catalano, et Jakobsson (JCJ)[53] et est appliquée sur la majorité des protocoles de vote électronique en ligne. La plupart de ces protocoles ne satisfont pas cette propriété et ne peuvent donc pas être utilisés dans une élection à grande échelle.

Comme il a été mentionné dans la section 4.3, les protocoles proposés par Schweisgut[71] et Acquisti[3] ne sont pas résistants à la coercition. Un adversaire est capable de corrompre ces deux protocoles en vérifiant la validité du credential.

Dans cette section, nous commençons par présenter les hypothèses et les notions de base que nous utilisons dans notre protocole. Puis, nous présentons notre nouveau protocole de vote à distance. Ce protocole de vote est basé sur la signature de groupe de Boneh, Boyen, et Shacham[9] et remédie aux inconvénients des autres protocoles. Enfin, nous montrons que notre protocole est résistant à la coercition.

4.4.1   Définitions et notations de base

Notre protocole de vote nécessite un ensemble de mécanismes et de primitives cryptographiques pour garantir sa sécurité. Dans ce qui suit, nous allons décrire les notions de base utilisées dans notre protocole de vote.

1. **Les hypothèses de complexité :**

   Pour garantir la résistance à la coercition de notre protocole de vote, nous utilisons les hypothèses suivantes :

   (a) **Le problème du logarithme discret[16] :**

   Soient G un groupe cyclique fini, g un générateur de ce groupe et y un élément de G. Le problème du logarithme discret, noté DL, consiste à calculer $log_g y$, c'est à dire, trouver un entier $x \in Z$ vérifiant $y = g^x$.

   (b) **Le problème du q-Strong Diffie-Hellman[8] :**

   Soient G un groupe cyclique fini, g un générateur de ce groupe, y un élément de G et q un nombre premier. Le problème du q-Strong Diffie-Hellman, noté q-SDH, consiste à calculer $g^{1/(y+c)}$, c'est à dire, trouver un entier $c \in Z$ à partir de $(g, g^y, ..., g^{y^q})$.

   (c) **le problème décisionnel de Diffie-Hellman[15][7] :**

   Étant donnés un groupe G, un générateur g de ce groupe et $A = g^a$, $B = g^b$ et $C = g^c$ trois éléments de G, le problème décisionnel de Diffie-Hellman, noté DDH, consiste à décider si c = ab est vrai ou non.

   (d) **Le problème du Strong Decision Diffie-Hellman Inversion[8] :**

   Soient G un groupe cyclique fini, g_1 et g_2 deux générateurs de ce groupe, y un élément de G et q un nombre premier. Le problème du Strong Decision Diffie-Hellman Inversion, noté SDDHI, consiste à calculer $(g_1 g_2^x)^{1/(y+r)}$, c'est à dire, trouver $(x, r) \in Z^2$ à partir de (g_1, g_2, g_2^y, B_i), avec $B_i = (g_1 g_2^{x_i})^{1/(y+r_i)}$, tel que $1 \leq i \leq q - 1$.

2. **Tableau d'affichage : TA**

   Le tableau d'affichage sert comme un moyen de communication entre toutes les entités du protocole de vote. Pour pouvoir vérifier tous les messages, toute entité peut accéder au tableau d'affichage. Le tableau d'affichage dans notre protocole de vote est considéré comme étant un canal de diffusion public. Il reçoit des messages et permet à n'importe qui de lire n'importe quelle information reçue. Également, lorsque le tableau d'affichage reçoit une information, il l'enregistre et personne ne peut la supprimer ou la modifier. La proposition de Cachin et al.[14][13] est celle que nous avons utilisé dans cette contribution.

3. **Le cryptosystème d'ElGamal modifié :**

   Nous utilisons le cryptosystème ElGamal modifié proposé par JCJ[53]. Les paramètres de ce cryptosystème sont comme suit :

   Soit G un groupe cyclique d'ordre p où le problème de DDH[7] est difficile.

   La clé publique est composée de ces éléments $(g_1, g_2, h = g_1^{x_1} g_2^{x_2})$ avec $g_1, g_2 \in G$ et la clé privée correspondante est composée de $x_1, x_2 \in Z$.

   Le message $m \in G$ chiffré par le cryptosystème ElGamal modifié est $(M = g_1^s, N = g_2^s, O = mh^s)$, où $s \in_R Z$.

   Pour pouvoir déchiffrer le message m à partir du message chiffré (M, N, O), il faut faire comme suit : $O/(M^{x_1} N^{x_2})$.

4. **Le cryptosystème à seuil :**

   Notre protocole de vote est basé sur une version du cryptosystème à seuil[82], sémantiquement sécurisé, en utilisant la propriété d'homomorphisme[41].

   La clé publique du cryptosystème d'ElGamal modifié et sa clé privée correspondante sont générées par coopération de n autorités.

   Pour pouvoir déchiffrer un message, un nombre minimal de t autorités parmi n peut le faire[30][39]. Le cryptosystème ElGamal modifié vérifie l'hypothèse DDH[45][53].

5. **Réseau de mélangeurs universellement vérifiable :**

   Pour garantir l'anonymat, on utilise les réseaux de mélangeurs. Cette primitive cryptographique a été introduite par Chaum[18] et puis elle fut développée par plusieurs auteurs. Notre protocole de vote est basé sur la méthode de re-chiffrement du réseau de mélangeurs avec utilisation du cryptosystème d'ElGamal modifié. Alors, pour réduire la confiance mise sur les serveurs du réseau, nous utilisons un protocole de vote universellement vérifiable. Après la phase de mixage de messages, les serveurs du réseau doivent publiquement prouver l'exactitude de leurs permutations et re-chiffrements[36]. La proposition de Furukawa et Sako[37] est une des méthodes existantes qui utilise des réseaux de mélangeurs universellement vérifiables.

6. **Preuve à divulgation nulle de connaissance non interactive :**
La preuve à divulgation nulle de connaissance est un protocole interactif entre un agent A et un agent B qui veut prouver à A sa connaissance du secret, sans le lui révéler. Cette primitive nous a aidé à garantir la sécurité dans notre solution. Nous utilisons dans cette approche la preuve de connaissance du logarithme discret[70] pour relier le message chiffré au message en clair (c'est à dire la partie qui a obtenu le message chiffré doit savoir qu'est ce qu'elle a chiffré) et d'empêcher un adversaire d'utiliser la malléabilité du protocole d'ElGamal modifié. Nous utilisons aussi un protocole qui sert à prouver que le message chiffré contient un vote valide[42]. En outre, nous utilisons le test de l'égalité du logarithme discret[22][62], et nous utilisons PET[43] pour comparer les messages chiffrés (voir la section 1.1.5).
Notre protocole de vote nécessite l'utilisation de la preuve à divulgation nulle de connaissance reliée à la connaissance du message en clair du chiffré du cryptosystème M-ElGamal ($M = g_1^s, N = g_2^s, O = mh^s$), la preuve que le message en clair est $\neq 1$, La connaissance du logarithme discret de M-ElGamal des termes M, N respectivement dans la base g_1, g_2, et la représentation de O dans les bases B et h, où B est la base du message m et h est le paramètre public du cryptosystème M-ElGamal. Finalement, nous prouvons que le logarithme discret de M, N respectivement dans les bases g_1, g_2 est égal au logarithme discret de O dans la base h[5].
Ces preuves interactives peuvent aussi être utilisées comme étant des preuves non interactives d'après Fiat-Shamir[35].

7. **Les modèles des attaques existantes :**
Notre protocole de vote est résistant à la coercition (la preuve est détaillée par la suite) et l'idée générale que nous avons suivie, est présentée dans les travaux de JCJ[53]. Nous avons d'ailleurs suivi quelques caractéristiques de ces travaux originaux. Les hypothèses que nous avons utilisées sont les suivantes :

(a) **Un pouvoir de comptage limité et un nombre faible d'autorités :**
Un adversaire possède un pouvoir de comptage limité et ne peut corrompre

qu'un nombre faible d'autorités. Il peut forcer un votant à lui révéler tout secret qu'il détient. En outre, il peut forcer un votant de s'abstenir au élection ou de l'obliger d'envoyer une chaîne aléatoire à la place de son vote.

(b) **Les interactions avec le votant :**
L'adversaire ne peut pas constamment surveiller ou s'interagir avec le votant le long du processus de vote. Alors, il peut interagir occasionnellement avec le votant durant le processus de vote.

(c) **La non existance d'adversaire durant la phase d'enregistrement :**
Les autorités d'enregistrement sont des entités de confiance et les votants reçoivent leurs données privées d'une manière sécurisée. En plus, nous supposons que les votants communiquent avec les autorités d'enregistrement via un canal anonyme et sans la présence d'adversaire.

(d) **Des canaux anonymes lors de la phase de vote :**
L'existence de canaux anonymes lors de la phase de vote permet aux votants d'envoyer leur vote d'une manière sécurisée et d'empêcher les adversaires d'établir le lien entre l'identité du votant et son vote. En pratique, une analogie du phénomène des canaux anonymes est soit le vote à partir d'un endroit public (publinet,bibliothèque,...), ou bien par le biais du réseau de mélangeurs.

(e) **La performance des appareils de vote :**
Les appareils de vote que les votants utilisent pour voter sont dignes de confiance. Nous supposons que l'adversaire ne peut pas contrôler les appareils de vote (c'est à dire la non existance de logiciels malveillants) pour avoir les votes ou toutes autres informations privées[47][48].

(f) **La non considération des attaques de déni de service (DOS) :**
Nous utilisons dans cette approche un tableau d'affichage qui reçoit les données de toutes entités participantes dans le processus de vote et qui pourrait être susceptible aux attaques de déni de service[4].

8. **Les credentials anonymes :**
Les credentials anonymes ont un rôle très important dans les protocoles de vote résistant à la coercition. Ils permettent aux votants sous coercition d'éviter les attaquants (en utilisant des faux credentials) et de voter par la suite (en utilisant des credentials valides)[53].
Dans les travaux existants spécialisés dans la résistance à la coercition[52][28][53][71][84], les credentials valides sont des chaînes aléatoires.

Dans notre protocole de vote, nous utilisons une technique différente de création de credentials. Cette technique possède des similarités avec les certificats d'appartenance appelés *membership certificates* du protocole de signature de groupe de Boneh, Boyen, et Shacham[9].

Les credentials utilisés dans notre solution sont présentés comme suit : Soit G un groupe cyclique d'ordre un nombre premier appelé p où le problème de Decision Diffie-Hellman (DDH) est supposé être difficile[7], y une clé secrète, (g_1, g_3) deux générateurs aléatoires de G, (r, x) deux nombres aléatoires dans Z_p^*. Le credential est composé de (A, r, x), où $A = (g_1 g_3^x)^{\frac{1}{y+r}}$.

En raison de la structure mathématique de notre credential, sa sécurité dépend de deux hypothèses : *q-Strong Diffie-Hellman* et *Strong Decision Diffie-Hellman Inversion*. L'hypothèse *q-Strong Diffie-Hellman* appelée *q*-SDH assure que même si l'adversaire a pu avoir des réels credentials sous la forme (A_i, r_i, x_i), il est difficile pour lui de fabriquer un nouveau et valide credential (A, r, x) avec $(r, x) \neq (r_i, x_i)$ quelque soit i.

Cette hypothèse est maintenue dans la sécurité du protocole de signature de groupe de Boneh et al.[9] dont notre credential dépend.

L'hypothèse Strong Decisional Diffie-Hellman Inversion (SDDHI), qui est maintenue dans les groupes génériques, assure que si un adversaire actif ne connaît pas la clé secrète y, il ne peut pas savoir si le triplet (A, r, x) est un credential valide ou non. Dans un autre sens, s'il satisfait cette condition ou non : $A^{y+r} \stackrel{?}{=} g_1 g_3^x$. Un votant sous menace d'un adversaire, peut fournir un faux credential (A, r, x') à la place d'un credential (A, r, x) valide. Et suite à l'hypothèse SDDHI, un adversaire ne peut pas distinguer si le credential donné par le votant est valide ou invalide. Notre credential est composé de deux parties : une partie courte x qui doit être secrète (maintenue à l'abri de toute autre connaissance), et une partie longue (A, r). La première partie compte environ vingt caractères (qui correspond à 160 bits, taille actuelle de sécurité dans les groupes génériques). La deuxième partie (A, r) (sous l'hypothèse SDDHI) peut être enregistrée dans un appareil ou même envoyée par email au votant sans compromettre la sécurité du credential.

4.4.2 Description du protocole

Le protocole commence par une phase de setup. Dans cette phase, les autorités en coopération génèrent les clés et publient les paramètres publics dans le tableau d'affichage.

Après cette phase, les votants prouvent leur identité aux autorités d'enregistrement. Ces autorités envoient pour chaque votant un unique et valide credential. Le votant utilise ce credential pour envoyer son vote lors de la phase de vote.

Lors de la phase de vote, le votant doit avoir un uplet qui contient son vote. Cet uplet contient le chiffré du vote et le chiffré du credential (qu'il a reçu des autorités) avec un ensemble de preuves de connaissance à divulgation nulle non interactive prouvant la validité de ces chiffrements. Le votant envoie son vote au tableau d'affichage via un canal anonyme. Bien sûr, si le votant est sous la menace d'un adversaire, il utilise soit son faux credential pour voter, soit il donne à l'adversaire son faux credential, et il est sûr que son vote ne sera pas compté par les autorités. L'adversaire est incapable de distinguer entre le credential valide et le credential invalide. Le votant peut voter plusieurs fois avec son credential invalide, s'il est sous la menace.

Lors de la phase de comptage, un ensemble d'autorités de comptage appelées talliers coopèrent et calculent le résultat de l'élection. Pour ce faire, ils vérifient chaque uplet et éliminent ceux qui ont des preuves invalides. Puis, les talliers vérifient s'il existe des uplets avec des credentials similaires (c'est à dire des duplicatas). Ces autorités gardent le dernier message de ceux qui sont dupliqués, et éliminent les anciens uplets. Une fois la phase de vérification des preuves et des duplicatas achevées, les talliers envoient au réseau de mélangeurs les uplets valides. Á la sortie du réseau de mélangeurs, les talliers identifient les messages qui ont des credentials erronés et les éliminent.
Les messages qui ont des credentials valides seront comptabilisés. La validité des credentials est vérifiée en exploitant la propriété de l'homomorphisme du cryptosystème[41]. Une fois que les uplets possédant les credentials valides ont été vérifiés, les autorités en coopération déchiffrent les votes et procèdent au comptage.
Nous présentons dans ce qui suit, une description détaillée de notre protocole de vote.

1. **Les entités présentes dans notre approche :**
   Notre protocole est composé de quatre phases : la phase de setup, la phase d'enregistrement, la phase de vote, et la phase de comptage. La phase de setup est la phase de la génération des paramètres de vote. Par exemple, les paires de clés sont générées lors de cette phase. La phase d'enregistrement est la phase où les votants reçoivent des autorités les credentials valides. La phase de vote, les votants utilisent les credentials valides reçus des autorités pour soumettre leur vote. Enfin, la phase

de comptage dans laquelle les résultats de l'élection sont publiés. Trois participants sont considérés dans ce protocole :

- Le votant est identifié par $\mathcal{B}$. Il obtient un credential valide σ et il est capable de produire un faux credential σ'. Le credential valide est utilisé pour que le vote soit comptabilisé, et le credential invalide est utilisé pour éviter l'adversaire ;
- Les autorités de comptage appelées talliers. Les talliers sont notés par T. Ils contrôlent le tableau d'affichage, exécutent le réseau de mélangeurs, et calculent le résultat de vote. Ces autorités partagent une clé privée $\widehat{T}$ qui correspond à la clé publique T du cryptosystème M-ElGamal ;
- Les autorités d'enregistrement notées AE. Comme les talliers, elles sont composées de plus d'une autorité. Elles authentifient chaque votant légitime dans la phase d'enregistrement et envoient un credential valide à chacun des votants. Elles partagent une clé privée de M-ElGamal notée $\widehat{R}$ associée à la clé publique R.

Nous utilisons la notation TA pour le tableau d'affichage, $E_T[m]$ est le chiffrement par la clé publique T du cryptosystème M-ElGamal d'un message m, et $D_{\widehat{T}}[m]$ est le déchiffrement par la clé privée $\widehat{T}$ du cryptosystème M-ElGamal d'un message m.

2. **Les phases présentes dans notre approche :**

Dans ce qui suit, nous détaillons les phases existantes dans notre protocole.

(a) **La phase de setup :**

Cette phase est dédiée à l'établissement des paramètres de vote. Tout d'abord, il faut définir un groupe cyclique G avec un ordre premier p. La DDH doit être difficile dans ce groupe. Puis, les autorités produisent quatres générateurs $g_1, g_2, g_3, o \in G$. Les talliers T coopèrent afin de générer la clé publique $T = (g_1, g_2, h = g_1^{x_1} g_2^{x_2})$ du cryptosystème à seuil de M-ElGamal[52] et la clé privée correspondante $\widehat{T} = (x_1, x_2)$. La clé privée $\widehat{T}$ est partagée sur toutes les autorités talliers du protocole. Aucune autorité ne connaît seule cette clé. Chacune connaît sa portion de clé. Les autorités AE coopèrent et établissent une clé publique $R = g_3^y$ et sa clé privée $\widehat{R} = y$.

(b) **La phase d'enregistrement :**

Après la génération des clés, les AE envoient aux votants leur credential valide. Mais tout d'abord, il faut que les votants montrent aux autorités d'enregistrement AE leur éligibilité pour pouvoir participer au processus de vote. Puis, AE sélectionne deux nombres aléatoire $r, x \in \mathbb{Z}_p$ et calcule : $A = (g_1 g_3^x)^{\frac{1}{y+r}}$ (qui implique que $A^{y+r} = g_1 g_3^x$ et que $A^y = g_1 g_3^x A^{-r}$). Puis, AE envoie aux votants leur credential $\sigma = (A, r, x)$[3]. Les autorités d'enregistrement génèrent le credential par coopération des différentes AE[82].

La communication entre le votant et AE est faite via un canal anonyme. Selon JCJ[53], nous supposons que la majorité des autorités AE sont honnêtes et que les credentials envoyés aux votants $\mathcal{B}$ sont valides[56].

Néanmoins, il est possible pour AE de fournir aux votants une preuve que $\sigma = (A, r, x)$ est un credential valide. Pour ce faire, AE doit fournir une preuve de connaissance non interactive que le logarithme discret de $g_1 g_3^x A^{-r}$ (qui est égal à A^y si $\sigma = (A, r, x)$ est un credential valide) dans la base A est égal au logarithme discret de $R = g_3^y$ dans la base g_3.

(c) **La phase de vote :**

Pour pouvoir voter, le votant avec le credential (A, r, x) sélectionne un nombre aléatoire $s \in \mathbb{Z}_p^*$ et calcule $B = A^s$ en utilisant l'élément A du credential.

Puis, il forme cet uplet : $\langle\, E_T[v], B, E_T[B^{s^{-1}}], E_T[B^{rs^{-1}}], E_T[g_3^x], o^x, \Pi\, \rangle$ qui est égal à $\langle E_T[v], B, E_T[A], E_T[A^r], E_T[g_3^x]\, , o^x, \Pi\rangle = \langle C_1, B, C_2, C_3, C_4, o^x, \Pi\rangle$.

Puis, le votant publie sur le tableau d'affichage TA son uplet en utilisant un canal anonyme.

Cet uplet est composé du chiffré $E_T[v]$ qui contient le choix du votant, la valeur $B = A^s$, le chiffré $\langle E_T[B^{s^{-1}}], E_T[B^{rs^{-1}}]\rangle$ qui correspond à une partie du credential σ, le chiffré $E_T[g_3^x]$ qui est le chiffré du générateur public g_3 à la puissance x (un élément du credential σ), le générateur o à la puissance x, et un ensemble de preuves Π à divulgation nulle de connaissance non interactives, qui contiennent :

- (Π_1) qui est une preuve de validité que $C_1 = E_T[v]$ chiffre un vote valide (c'est à dire v représente un choix valide de candidat)[42] ;
- (Π_2) qui est une preuve que le votant connaît le message clair relié au message chiffré suivant : $C_2 = E_T[B^{s^{-1}}]$;
- (Π_3) qui est une preuve que le votant connaît le message en clair relié au message chiffré suivant : $C_3 = E_T[B^{rs^{-1}}]$;
- (Π_4) qui est une preuve que le votant connaît le message en clair relié au message chiffré suivant : $C_4 = E_T[g_3^x]$;
- (Π_5) qui est une preuve que le message en clair de $C_2 = E_T[B^{s^{-1}}]$ est différent de 1 ;

---

3. La valeur de x peut être générée par coopération du votant et de AE.

– (Π_6) qui est une preuve que le votant connaît le logarithme discret de $O = o^x$ dans la base o et que ce logarithme est égal au logarithme discret du message en clair de $C_4 = E_T[g_3^x]$ dans la base g_3.

(d) **La phase de comptage :**

Après l'achèvement de la phase de vote, les talliers T récupèrent du TA tous les uplets $\langle E_T[v], B, E_T[B^{s^{-1}}], E_T[B^{rs^{-1}}], E_T[g_3^x], o^x, \Pi \rangle$ et procèdent comme suit :

   i. **Vérification des preuves :**

   T vérifie toutes les preuves Π_i qui composent les uplets et éliminent les uplets qui ont des preuves invalides. C'est à dire, T vérifie que $E_T[v]$ contient un vote pour un candidat valide, vérifie la preuve de connaissance des messages en clair de $\langle E_T[B^{s^{-1}}], E_T[B^{rs^{-1}}] \rangle$, la preuve que $E_T[B^{s^{-1}}]$ n'est pas un chiffrement de 1, la preuve de connaissance du message en clair relié à $C_4 = E_T[g_3^x]$, l'égalité des logarithmes discret des messages en clair de $C_4 = E_T[g_3^x]$ dans la base g_3 et de o^x dans la base o. Les uplets qui ont passé le test, passeront à l'étape suivante sans la présence des Π et B, c'est à dire l'uplet prend cette forme $\langle E_T[v], E_T[B^{s^{-1}}], E_T[B^{rs^{-1}}], E_T[g_3^x], o^x \rangle$;

   ii. **Élimination des duplicatas :**

   Dans l'ordre de détecter et d'éliminer les uplets qui sont envoyés avec le même credential (c'est à dire les duplicatas), T compare tous les o^x avec une table de hachage[5]. Si un duplicata est détecté, T garde le dernier uplet envoyé (par rapport à l'ordre d'envoi dans TA) et élimine les autres. T traite ensuite l'uplet sous cette forme $\langle E_T[v], E_T[B^{s^{-1}}], E_T[B^{rs^{-1}}], E_T[g_3^x] \rangle$;

   iii. **Réseau de mélangeurs :**

   T envoie tous les uplets composés par $\langle E_T[v], E_T[B^{s^{-1}}], E_T[B^{rs^{-1}}], E_T[g_3^x] \rangle$ au réseau de mélangeurs. Les messages en sortie de ce réseau sont permutés et re-chiffrés.

   Ils prennent la forme suivante : $\langle E_T[v]', E_T[B^{s^{-1}}]', E_T[B^{rs^{-1}}]', E_T[g_3^x]' \rangle$, avec $E_T[X]'$ qui correspond au re-chiffrement de $E_T[X]$;

   iv. **Vérification des credentials :**

   Á partir des messages de sortie du réseau de mélangeurs, qui prennent la forme suivante : $\langle E_T[v]', E_T[B^{s^{-1}}]', E_T[B^{rs^{-1}}]', E_T[g_3^x]' \rangle$, les talliers T coopèrent avec les AE pour identifier les votes valides. Elles vérifient que le chiffré des credentials valides $\sigma = (A, r, x)$ satisfont la relation $A^{y+r} = g_1 g_3^x$. Elles procèdent comme suit :

A. AE coopèrent et calculent : $E_T[B^{s^{-1}}]'^y = E_T[B^{ys^{-1}}]'$, en utilisant leur clé privée y. Puis, AE utilisent la propriété d'homomorphisme du cryptosystème d'ElGamal afin de calculer :
$E_T[B^{ys^{-1}}]' \cdot E_T[B^{rs^{-1}}]' = E_T[B^{ys^{-1}+rs^{-1}}]'$;

B. T calculent $C = E_T[B^{ys^{-1}+rs^{-1}}g_1^{-1}g_3^{-x}]'$ à partir de $E_T[B^{ys^{-1}+rs^{-1}}]'$, $E_T[g_3^x]'$, et du paramètre public g_1. Si on considère que $A = B^{s^{-1}}$ alors $E_T[B^{ys^{-1}+rs^{-1}}]' = E_T[A^{y+r}]'$. Ce qui signifie que $C = E_T[A^{y+r}g_1^{-1}g_3^{-x}]'$;

C. Pour identifier le credential valide, T exécutent PET[43] pour déterminer si C est un chiffrement de 1 ou non (voir section 1.1.5). Pour ce faire : T coopèrent et sélectionnent un nombre aléatoire $z \in Z_p$ et calculent C^z. Puis, T coopèrent et déchiffrent C^z. Si le résultat de déchiffrement est égal à 1, alors le credential est valide. Sinon, le résultat sera un nombre aléatoire, ce qui indique que le credential est invalide. Cette vérification de la validité des credentials, nous permet d'avoir une complexité linéaire de comptage des bulletins. Nous vérifions d'une façon élémentaire la validité de chaque credential, à la différence de la complexité quadratique des travaux de JCJ[53], qui comparent chaque credential à tous les credentials de la liste générée par l'autorité d'enregistrement.

v. **Comptage :**

T éliminent tous les uplets avec des credentials invalides et coopèrent pour déchiffrer $E_T[v]'$ qui ont des credentials valides. Une fois, les votes déchiffrés, T procèdent au comptage et publient le résultat du vote.

3. **Possibilité de participer dans plusieurs élections :**

Le nombre de votants éligibles peut changer d'une élection à une autre. Les votants peuvent participer à plusieurs élections. Et peuvent ne pas participer à certaines d'autres.

Le credential que nous proposons peut être utilisé dans plus d'une élection aussi longtemps que la même clé y est utilisée. Comme les votants connaissent leur credential, les autorités ne doivent pas éliminer ces credentials. Le credential est publié dans le TA d'une manière chiffrée.

Dans notre protocole, une fois le votant enregistré, il reçoit (A, r, x). x doit être transmis via un canal sécurisé. (A, r) peuvent être envoyés via email par exemple. Le credential est sous l'hypothèse SDDHI, alors il n'y aura pas le risque de corrompre la sécurité du credential. Basé sur cette propriété, nous utilisons ces méthodes pour renouvelé le credential et entamer une autre élection :

En plus de la génération et de l'envoi des credentials aux votants, AE enregistrent la partie publique (A, r) du credential dans une liste L_C. Supposons que nous voulons renouveler le credential du votant V^*. AE récupèrent de L_C la partie publique du credential de V^* (c'est à dire (A^*, r^*)) et mettent à jour la clé publique correspondante. La nouvelle clé est $(\widetilde{g}_1, \widetilde{g}_3, \widetilde{R})$ où $\widetilde{g}_1 = g_1^{1/(y+r^*)}, \widetilde{g}_3 = g_3^{1/(y+r^*)}$ et $\widetilde{R} = \widetilde{g}_1^y$.

La clé privée y reste inchangée. AE publient ces valeurs $(\widetilde{g}_1, \widetilde{g}_3, \widetilde{R}, r^*)$ dans une liste RL (liste dédiée pour les credentials à renouveler).

Considérons maintenant le cas des votants dont le credential n'est pas renouvelé et comment se fait sa mise à jour. Soit un votant possédant le credential (A, r, x). Á partir de $(\widetilde{g}_1, \widetilde{g}_3, \widetilde{R}, r^*)$ obtenu de RL, le votant calcule $\widetilde{A} = \widetilde{g}_1^{\frac{1}{r-r^*}} \widetilde{g}_3^{\frac{x}{r-r^*}} A^{\frac{-1}{r-r^*}}$ et son nouveau credential devient $(\widetilde{A}, r, x)$. (Notons que comme r et r^* sont aléatoirement choisies par AE alors avec une large probabilité nous aurons $r \neq r^* \bmod p$). Toute personne peut vérifier que $(\widetilde{A}, r, x)$ est un credential valide pour les nouvelles clés publiques $(\widetilde{g}_1, \widetilde{g}_3, \widetilde{R})$:

$$
\begin{aligned}
\widetilde{A}^{y+r} &= \widetilde{g}_1^{\frac{y+r}{r-r^*}} \widetilde{g}_3^{\frac{(y+r)x}{r-r^*}} A^{\frac{-(y+r)}{r-r^*}} \\
&= \widetilde{g}_1^{\frac{y+r}{r-r^*}} \widetilde{g}_3^{\frac{(y+r)x}{r-r^*}} g_1^{\frac{-1}{r-r^*}} g_3^{\frac{-x}{r-r^*}} \\
&= \widetilde{g}_1^{\frac{y+r}{r-r^*}} \widetilde{g}_3^{\frac{(y+r)x}{r-r^*}} \widetilde{g}_1^{\frac{-(y+r^*)}{r-r^*}} \widetilde{g}_3^{\frac{-(y+r^*)x}{r-r^*}} \\
&= \widetilde{g}_1 \widetilde{g}_3^x
\end{aligned}
$$

Ce processus peut se répéter plusieurs fois s'il y a plus d'un credential à renouveler. Sous l'hypothèse q-SDH[8], le votant V^* qui a un credential éliminé, ne peut pas construire un credential valide avec les nouvelles clés publiques $(\widetilde{g}_1, \widetilde{g}_3, \widetilde{R})$.

Si le votant V^* est sous menace dans une ancienne élection, alors l'adversaire peut vérifier en utilisant les nouvelles clés publiques $(\widetilde{g}_1, \widetilde{g}_3, \widetilde{R})$, si V^* a révélé un faux credential ou un valide credential. Si V^* lui a donné (A^*, r^*, x'), il a à tester si $A^* \stackrel{?}{=} \widetilde{g}_1 \widetilde{g}_3^{x'} = g_1^{1/(y+r^*)} g_3^{x'(1/(y+r^*))}$.

4.4.3   Preuve de sécurité

Avant de rappeler la définition de sécurité de la propriété résistance à la coercition, nous introduisons quelques notations utilisées dans JCJ[53]. Soient k_1, k_2 et k_3 des paramètres de sécurité, n_V le nombre total de votants légitimes, n_C le nombre total de candidats, n le nombre de votants qui ne sont pas sous pression de l'adversaire, n_A le nombre de votants qui peut être attaqué par l'adversaire, $n_U = n_V - n_A - 1$ le nombre de votes incertain. Par $\leftarrow$ nous indiquons l'affectation et par $\Leftarrow$ nous indiquons l'opération d'ajout, % indique le début d'un commentaire, V indique l'ensemble des votants corrompus, D_{n,n_C} est une distribution probabiliste qui modélise les connaissances de l'adversaire sur les intentions des votants légitimes, X indique le comptage des votes et P une preuve interactive de l'exactitude du comptage, *tally* est une fonction de comptage qui donne X avec la preuve P, *vote* est une fonction d'envoi des bulletins liée à la distribution probabiliste D_{n,n_C}, ϕ est un symbole qui indique le bulletin nul, c'est à dire les abstentionnistes, (SK_R, PK_R) indiquent les clés respectivement privée et publique de l'autorité d'enregistrement, (SK_T, PK_T) indiquent les clés respectivement privée et publique de l'autorité de vote et (sk_i, pk_i) indiquent les clés respectivement privée et publique du votant$_i$, La fonction *fakekey* reçoit en entrée la clé publique de l'autorité de vote et la paire de clé du votant (sk, pk), et elle retourne une fausse clé $\widetilde{sk}$ (credential invalide). Enfin, β indique le choix du votant.

I- La résistance à la coercition :

Nous avons utilisé le modèle de sécurité introduit par JCJ[53] pour vérifier la propriété de la résistance à la coercition, qui sera notée par *c-resist* dans la description de la preuve.

La modélisation de la propriété de la résistance à la coercition peut être vue comme un jeu entre l'adversaire $\mathcal{A}$ et le votant ciblé par l'adversaire[56].

Soit b un nombre qui ne peut avoir que $\{0,1\}$. Si $b = 0$ alors le votant corrompu V_0 envoie le bulletin de son choix β, et donne à l'adversaire un faux credential $\widetilde{\sigma}$, dans le but d'éviter l'adversaire. Si $b = 1$, alors le votant donne à l'adversaire un credential valide σ et n'envoie pas son bulletin.

L'objectif de l'adversaire est de deviner la valeur de b, c'est à dire deviner les intentions du votant.

Selon la définition de[53], un protocole de vote ES est résistant à la coercition, si pour tout adversaire $\mathcal{A}$, et tous paramètres n et n_C, et toute fonction de distribution probabiliste D_{n,n_C} :

$$\text{Adv}_{ES,\mathcal{A}}^{c\text{-}resist} = \left| \mathbf{Succ}_{ES,\mathcal{A}}^{c\text{-}resist}(\cdot) - \mathbf{Succ}_{ES,\mathcal{A}}^{c\text{-}resist\text{-}ideal}(\cdot) \right|$$

est négligeable pour tout paramètre de sécurité et pour toute fonction de vote. Avec :

- $\mathbf{Exp}_{ES,\mathcal{A}}^{c\text{-}resist}$ représente l'expérience (le jeu) entre l'adversaire et le votant sur la valeur de b;
- $\mathbf{Exp}_{ES,\mathcal{A}}^{c\text{-}resist\text{-}ideal}$ représente l'expérience *idéale* de vote, entre l'adversaire et le votant. L'adversaire ne peut jamais accéder au tableau d'affichage (TA) et il n'a comme

unique information, que le nombre total de votes ;

- $\mathbf{Succ}_{ES,\mathcal{A}}^{E}(\cdot) = \Pr[\mathbf{Exp}_{ES,\mathcal{A}}^{E}(\cdot) = \text{'1'}]$, représente la valeur de sortie de l'expérience $b = 1$.

Intuitivement, la définition de JCJ[53], montre que dans l'execution réelle du protocole, l'adversaire ne connaît que la valeur X du total de votes. L'adversaire ne doit connaître aucune information significative sur l'exécution du protocole, même lorsqu'il forge une attaque active[17][59][79].

II- La preuve de la résistance à la coercition :

Rappelons que la définition de sécurité de la résistance à la coercition introduite par Juels et al.[53] est basée sur une sorte de jeu entre un adversaire $\mathcal{A}$ et un votant ciblé pour coercition. Le but de $\mathcal{A}$ est de deviner parmi les deux possibilités suivantes, les intentions du votant durant l'exécution du protocole de vote : (1) Le votant dévoile un faux credential et envoie son bulletin ou bien (2) Le votant dévoile un credential valide et ne vote pas. Afin de démontrer que le protocole de vote ES est résistant à la coercition, il faut que $\mathcal{A}$ devine (avec succès) avec une probabilité négligeable mais meilleure que l'adversaire $\mathcal{A}'$ qui interagit avec un protocole de vote idéal. L'adversaire $\mathcal{A}'$ est passif, et son unique entrée est le total de votes X (les votes envoyés par les votants légitimes) plus Γ, qui est le nombre de bulletins éliminé par invalide association des credentials[53].

Nous utilisons la description suivante des expériences aléatoires modélisant une attaque sur une propriété donnée :

Expérience $Exp_{ES,A}^{Propriete}(k)$

E_1

.

.

.

E_n

Output

Cette expérience aléatoire décrit une attaque de l'adversaire A sur le protocole de vote ES par rapport à un paramètre de sécurité k. On suppose que l'attaquant est de type décisionnel, alors, on ajoute un bit b. Des événements $E_1, ..., E_n$ se succèdent jusqu'à la fin de l'expérience qui se termine par une sortie $Output \in \{0, 1\}$.

La description de l'expérience ci dessous indique une interaction entre l'adversaire $\mathcal{A}$ et le protocole de vote $ES[53]$.

Expérience $Exp_{ES,\mathcal{A}}^{c-resist}(k_1, k_2, k_3, n_V, n_A, n_C)$

$V \leftarrow \mathcal{A}(\text{Noms des votants,Votants contrôlés})$;

% Enregistrement des votants

$\{(sk_i, pk_i) \leftarrow AE(SK_R, i, k_2)\}_{i=1}^{n_V}$;

% $\mathcal{A}$ cible les votants corrompus

$(j, \beta) \leftarrow \mathcal{A}\{sk_i\}_{i \in V}$;

if $|V| \neq n_A$ **or** $j \notin \{1, 2, \ldots, n_V\} - V$ **or** $\beta \notin \{1, 2, \ldots, n_C\} \cup \phi$ **then**

% Les *outputs* de $\mathcal{A}$ sont vérifiés

output '0' ;

% Le choix de b

$b \in_U \{0, 1\}$;

if $b = 0$ **then**

% Le votant évite l'adversaire

$\tilde{sk} \leftarrow fakekey(PK_T, sk_j, pk_j)$;

$TA \Leftarrow vote(sk_j, PK_T, n_C, \beta, k_2)$;

% Les votants se soumettent à la coercition

else

$\tilde{sk} \leftarrow sk_j$;

% Bulletins envoyés pour les votants légitimes

$TA \Leftarrow vote(\{sk_i\}_{i \neq j, i \notin V}, PK_T, n_C, D_{n_U, n_C}, k_2)$;

% $\mathcal{A}$ envoie au TA les bulletins

$TA \Leftarrow \mathcal{A}(\tilde{sk}, TA)$;

% Le résultat de l'élection est affiché

$(X, P) \leftarrow tally(SK_T, TA, n_C, \{pk_i\}_{i=1}^{n_V}, k_3)$;

% $\mathcal{A}$ devine la valeur de b

$b' \leftarrow \mathcal{A}(X, P, b)$;

% Détermination de la valeur de sortie

if $b' = b$ **then**

output '1' ;

else

output '0' ;

L'expérience décrite ci dessous est dite idéale et elle indique l'interaction entre l'adversaire $\mathcal{A}'$ et le protocole de vote $ES[53]$.

Expérience $Exp_{ES,\mathcal{A}'}^{c-resist-ideal}(k_1, k_2, k_3, n_V, n_A, n_C)$

$V \leftarrow \mathcal{A}'(\text{Nom des votants,Votants contrôlés})$;

% Enregistrement des votants

$\{(sk_i, pk_i) \leftarrow AE(SK_R, i, k_2)\}_{i=1}^{n_V}$;

% $\mathcal{A}'$ cible les votants corrompus

$(j, \beta) \leftarrow \mathcal{A}'$

if $|V| \neq n_A$ **or** $j \notin \{1, 2, \ldots, n_V\} - V$ **or** $\beta \notin \{1, 2, \ldots, n_C\} \cup \phi$ **then**

% *Les outputs* de $\mathcal{A}'$ sont vérifiés

output '0' ;

% Le choix de b

$b \in_U \{0, 1\}$;

if $b = 0$ **then**

% Le votant évite l'adversaire

$TA \Leftarrow vote(sk_j, PK_T, n_C, \beta, k_2)$;

$\tilde{sk} \leftarrow sk_j$;

% Bulletins envoyés pour les votants légitimes

$TA \Leftarrow vote(\{sk_i\}_{i \neq j, i \notin V}, PK_T, n_C, D_{n_U, n_C}, k_2)$;

% $\mathcal{A}'$ spécifie les choix du votant et envoie les bulletins au TA

$TA \Leftarrow \mathcal{A}'(\tilde{sk}, \{sk_i\}_{i \notin V})$;

% Le résultat de l'élection est affiché

$(X, P) \leftarrow \text{ideal-tally}(SK_T, TA, n_C, \{pk_i\}_{i=1}^{n_V}, k_3)$;

% $\mathcal{A}'$ devine la valeur de b

$b' \leftarrow \mathcal{A}'(X, b)$;

% Détermination de la valeur de sortie

if $b' = b$ **then**

output '1' ;

else

output '0' ;

Dans le cas de l'expérience idéale, nous supposons que c'est une autorité de confiance qui effectue la fonction ideal-tally, c'est à dire le dépouillement. L'adversaire $\mathcal{A}'$ n'a accès qu'au comptage final X. $\mathcal{A}'$ n'est donc pas avantagé par rapport à $\mathcal{A}$. Le succès de $\mathcal{A}'$ sera donc négligeable pour la majorité des scrutins, sauf si par exemple, tous les votants votent de manière unanime pour un même candidat. Dans ce cas l'attaquant saura si le votant, qui votait sous la contrainte, a respecté ses consignes de vote ou non.

La preuve de sécurité que nous utilisons pour vérifier la résistance à la coercition de notre protocole est donnée sous forme de séquences de jeu[73]. Nous allons donner dans ce qui suit une description étendue du jeu 0 (Game 0) et ensuite une brève description des modifications successives de ce même jeu.

Game 0 : C'est une simulation du jeu original d'attaque en prenant en considération un adversaire $\mathcal{A}$ actif.

1. **Setup :** Soit un challenger $\mathcal{S}$ qui choisit aléatoirement les générateurs g_1, g_2, g_3 et o du groupe G, un nombre premier p, des valeurs aléatoires x_1, x_2, y dans Z_q^* et calcule $h = g_1^{x_1} g_2^{x_2}$ et $R = g_1^y$. $\mathcal{S}$ publie les paramètres publics du protocole de vote (g_1, g_2, g_3, o, R, h) et la liste des candidats aléatoire $C = \{v_i\}_{i=1}^{nc}$ avec $v_i = g_1^{t_i}$ pour une valeur aléatoire t_i dans Z_p^*. Pour des raisons techniques dans notre preuve, nous supposons que les identifiants des candidats sont aléatoires, et ils appartiennent à la liste $\{1, 2, ..., n_C\}$;

2. **Enregistrement :** $\mathcal{S}$ utilise y afin de générer un ensemble de credentials (A_i, r_i, x_i) utilisant des valeurs aléatoires r_i, x_i dans Z_q^* et maintient une liste L des credentials générés ;

3. **La corruption des adversaires :** L'adversaire $\mathcal{A}$ sélectionne un ensemble V de n_A votants pour les attaquer. Considérons le votant j pour la coercition et le vote ciblé β. Si une donnée de l'ensemble V est invalide alors la simulation sera terminée ;

4. **Devinette :** Le choix de b parmi $\{0, 1\}$;

5. **Distribution des credentials :** $\mathcal{S}$ donne à $\mathcal{A}$ l'ensemble de credentials $\{\sigma_i\}_{i \in V}$ et en particulier le credential σ pour le votant ciblé j. Si $b = 1$, alors $\mathcal{S}$ donne $\sigma = \sigma_j = (A_j, r_j, x_j)$, sinon σ est un triplet aléatoire (A_j, r_j, x') pour une valeur aléatoire x' dans Z_p^*

6. **Simulation des votants légitimes :** $\mathcal{S}$ utilise la clé publique (g_1, g_2, h) du cryptosystème M-ElGamal afin de générer les bulletins des votants légitimes. $\mathcal{S}$ fournit aussi les preuves à divulgation nulle de connaissance ;

7. **Envoi des bulletins par les adversaires :** L'adversaire envoie un ensemble de bulletins B_0 ainsi que leurs preuves à divulgation nulle de connaissance. Soit B_1 la liste des bulletins avec les preuves valides ;

8. **La phase de comptage :** $\mathcal{S}$ utilise sa clé privée x_1, x_2 et y afin de déchiffrer les vote et procéder au comptage.

Á la fin du jeu, l'adversaire aboutit au bit b'. Soit S_0 l'événement qui vérifie que $b = b'$ dans ce jeu et S_i l'événement qui vérifie que $b = b'$ dans le jeu i. Nous avons :

$$\Pr[S_0] = \mathbf{Succ}_{ES,\mathcal{A}}^{c-resist} = \Pr[\mathbf{Exp}_{ES,\mathcal{A}}^{c-resist} = 1].$$

Game 1 : C'est le même jeu que celui du Game 0 à l'exception d'une modification sur la génération des bulletins des votants légitimes par le challenger.

Simulation des votants légitimes $\mathcal{S}$ choisit une valeur aléatoire τ dans Z_q^* et calcule $h_1 = g_1^\tau$ et $h_2 = g_2^\tau$. Le quadruplet (g_1, g_2, h_1, h_2) est un quadruplet DDH. $\mathcal{S}$ utilise ce quadruplet et h pour générer les bulletins des votants légitimes. Le challenger crée les messages chiffrés pour chaque bulletin comme suit : Par exemple pour le chiffré correspondant au chiffrement des options de vote $v_k = g_1^{t_k}$, $\mathcal{S}$ choisit aléatoirement un entier s_i dans Z_q et construit $(M_i = h_1^{s_i}, N_i = h_2^{s_i}, O_i = h_1^{s_1 x_1} h_2^{s_2 x_2} v_k)$. Notons que puisque le quadruplet (g_1, g_2, h_1, h_2) est un quadruplet DDH, alors ce chiffré a une distribution valide.

Nous obtenons par la suite :

$$\Pr[S_0] = \Pr[S_1]$$

Game 2 : C'est le même jeu que celui de Game 1 à l'exception que pour chaque bulletin dans B_1, $\mathcal{S}$ extrait les credentials chiffrés $(\widetilde{A}, \widetilde{r}, \widetilde{x})$ à partir de l'extraction des preuves de connaissance dans B_1. Si l'extraction n'est pas réussie, alors $\mathcal{S}$ donne comme sortie $\bot$ et abandonne. Notons par F l'événement d'échec. Nous obtenons alors $|\Pr[S_2] - \Pr[S_1]| \leq \Pr[F]$. Cette probabilité $\Pr[F]$ est délimitée par les erreurs de connaissance des preuves de connaissance (qui est une quantité négligeable notée $v(k)$). Nous obtenons alors :

$$|\Pr[S_1] - \Pr[S_2]| \leq v(k).$$

Sans l'exprimer formellement, nous supposons que les bulletins sont envoyés séquenciellement et non en même temps.

Game 3 : C'est le même jeu que celui du Game 2 à l'exception que $\mathcal{S}$ donne comme sortie $\bot$ et abandonne si au moins l'un des credentials qui a été extrait $(\widetilde{A}, \widetilde{r}, \widetilde{x})$ est un credential valide qui n'a pas été émis par $\mathcal{S}$. Notons par F l'événement d'échec. Par la différence des probabilités des jeux, nous obtenons $|\Pr[S_3] - \Pr[S_2]| \leq \Pr[F]$. Il est évident que si l'extraction des credentials n'est pas émise par $\mathcal{S}$ cela veut dire que $\mathcal{A}$ n'a pas respecté l'hypothèse q-SDH, où q correspond aux nombres de credentials émis dans la phase d'enregistrement. Alors à partir de $\mathcal{A}$, nous pouvons avoir un adversaire $\mathcal{B}$ qui casse l'hypothèse q-SDH avec un avantage $\epsilon = \Pr[F]/q'$ où q' indique le nombre de bulletins envoyés par $\mathcal{A}$. Nous aurons alors :

$$|\Pr[S_2] - \Pr[S_3]| \leq q' Adv_{G,B}^{q\text{-SDH}}(k)$$

puisque $\mathcal{B}$ n'a pas accès à la valeur y correspondant au challenge q-SDH, alors il ne peut pas décider si l'uplet $(\widetilde{A}, \widetilde{r}, \widetilde{x})$ dans B_1 correspond à un credential valide ou non. Il sera obligé de deviner parmi tous les credentials celui qui est valide, c'est à dire $1/q'$.

Game 4 : $\mathcal{S}$ utilise un quadruplet aléatoire (g_1, g_2, h_1, h_2) (telque $h_1 = g_1^\tau$ et $h_2 = g_2^\delta$ avec $\tau \neq \delta \pmod{p}$) au lieu d'un quadruplet DDH qui génère les bulletins des votants légitimes. Sous l'hypothèse DDH, $\mathcal{A}$ ne peut pas détecter ce changement. En effet, on peut construire un distingueur DDH noté $\mathcal{D}_1$ avec un avantage qui satisfait :

$$|\Pr[S_3] - \Pr[S_4]| \leq Adv_{G,\mathcal{D}_1}^{\text{DDH}}(k)$$

Nous remarquons que dans ce cas, la simulation ne donne aucune information théorique importante sur les votes envoyés par les entités légitimes car le cryptosystème M-ElGamal est sémantiquement sûr.

Game 5 : Dans le cas où $b = 0$, $\mathcal{A}$ envoie le bulletin avec un faux credential. $\mathcal{S}$ considère ce bulletin comme étant un bulletin possédant un credential valide dans la phase de comptage. Pour cela, il remplace le chiffrement de C^z par le chiffrement de 1. Puisque le cryptosystème de M-ElGamal est sémantiquement sûr sous l'hypothèse DDH, alors $\mathcal{A}$ ne peut pas se rendre compte de ce changement. Nous pouvons construire un distingueur DDH noté $\mathcal{D}_2$ avec un avantage qui satisfait :

$$|\Pr[S_4] - \Pr[S_5]| \leq Adv_{G,\mathcal{D}_2}^{\text{DDH}}(k)$$

Game 6 : Au lieu d'envoyer à $\mathcal{A}$ un faux credential quant $b = 0$, $\mathcal{S}$ envoie à $\mathcal{A}$ un credential valide. Sous l'hypothèse SDDHI, $\mathcal{A}$ ne peut pas décerner ce changement. Nous pouvons construire un distingueur SDDHI noté $\mathcal{D}_3$ avec un avantage qui satisfait :

$$|\Pr[S_5] - \Pr[S_6]| \leq Adv_{G,\mathcal{D}_3}^{\text{SDDHI}}(k)$$

Comme nous l'avons cité au paragraphe précédent, la simulation ne donne aucune information sur les votes des votants légitimes. La seule information que l'adversaire peut avoir est le total X des votes envoyés par les votants légitimes à la fin de l'élection plus Γ, le nombre de bulletins qui ont été éliminés lors de la comparaison des credentials. Nous aurons alors :

$$\Pr[S_6] = \mathbf{Succ}_{ES,\mathcal{A}}^{c\text{-}resist\text{-}ideal} = \Pr[\mathbf{Exp}_{ES,\mathcal{A}}^{c\text{-}resist\text{-}ideal} = 1]$$

Nous pouvons donner une borne inférieure pour $Adv_{ES,\mathcal{A}}^{c\text{-}resist} = \left| \mathbf{Succ}_{ES,\mathcal{A}}^{c\text{-}resist}(\cdot) - \mathbf{Succ}_{ES,\mathcal{A}}^{c\text{-}resist\text{-}ideal}(\cdot) \right|$.

$$Adv_{ES,\mathcal{A}}^{c\text{-}resist} = \left| \mathbf{Succ}_{ES,\mathcal{A}}^{c\text{-}resist}(\cdot) - \mathbf{Succ}_{ES,\mathcal{A}}^{c\text{-}resist\text{-}ideal}(\cdot) \right| = |\Pr[S_0] - \Pr[S_6]|$$

Nous avons

$$|\Pr[S_0] - \Pr[S_6]| \leq \sum_{j=0}^{5} |\Pr[S_j] - \Pr[S_{j+1}]|$$

et

$$\sum_{j=0}^{5} |\Pr[S_j] - \Pr[S_{j+1}]| \leq v(k) + q' Adv_{G,B}^{q\text{-SDH}}(k) + Adv_{G,\mathcal{D}_1}^{\text{DDH}}(k) + Adv_{G,\mathcal{D}_2}^{\text{DDH}}(k) + Adv_{G,\mathcal{D}_3}^{\text{SDDHI}}(k)$$

Par la suite

$$Adv_{ES,\mathcal{A}}^{c\text{-}resist} \leq v(k) + q' Adv_{G,B}^{q\text{-SDH}}(k) + Adv_{G,\mathcal{D}_1}^{\text{DDH}}(k) + Adv_{G,\mathcal{D}_2}^{\text{DDH}}(k) + Adv_{G,\mathcal{D}_3}^{\text{SDDHI}}(k)$$

Nous pouvons conclure que notre proposition est résistante à la coercition. Puisque $Adv_{ES,\mathcal{A}}^{c\text{-}resist}$ est inférieure à une quantité négligeable. $Adv_{G,B}^{q\text{-SDH}}(k)$, $Adv_{G,\mathcal{D}_1}^{\text{DDH}}(k)$, $Adv_{G,\mathcal{D}_2}^{\text{DDH}}(k)$ et $Adv_{G,\mathcal{D}_3}^{\text{SDDHI}}(k)$ sont négligeables, puisque notre proposition s'appuie sur des credentials anonymes basés sur les hypothèses q-Strong Diffie-Hellman (SDH)[15] et Strong Decisional Diffie-Hellman Inversion (SDDHI)[7][8].

4.5 Conclusion

Dans ce chapitre, nous avons montré que les protocoles de Schweisgut[71] et Acquisti[3] ne sont pas résistants à la coercition. Un adversaire est capable de vérifier la validité du credential, donné par le votant. Puis, nous avons présenté notre approche. Cette nouvelle approche est résistante à la coercition avec une complexité linéaire qui élimine les inconvénients du protocole de JCJ[53]. Notre protocole s'appuie sur des credentials anonymes basés sur les hypothèses q-Strong Diffie-Hellman (SDH)[15] et Strong Decisional Diffie-Hellman Inversion (SDDHI)[7][8].

Les credentials que nous avons présenté dans notre approche peuvent être utilisés dans plus d'une élection. Afin de participer à une autre élection, les votants n'ont pas à recevoir d'autres credentials des autorités d'enregistrement.

Á la fin de ce chapitre, nous avons prouvé que notre approche est résistante à la coercition. Enfin, à titre comparatif, notre solution peut être mise en oeuvre et adéquate à une élection à large échelle.

Comme perspectives de cette contribution, il serait intéressant d'améliorer notre approche en vérifiant par exemple la validité des credentials des votants avant de les traiter dans le réseau de mélangeurs, ce qui réduirait la complexité du protocole. D'un autre côté la technique du tatouage numérique pourrait constituer une alternative intéressante pour vérifier la validité des credentials. Enfin, il faudrait se pencher sur d'autres propriétés de sécurité, autres que la résistance à la coercition, et implémenter et expérimenter notre protocole.

Chapitre 5

Conclusion et perspectives

Le vote par voix électronique présente d'énormes avantages : Réduction de l'absentéisme du fait que le vote peut se faire via Internet, minimisation du déplacement et du temps perdu, réduction de l'attente pour voter et du temps de dépouillement de l'urne électronique. Pour que les protocoles de vote électronique en ligne soient fiables et prêts à l'exploitation, ils doivent garantir un certain nombre de propriétés de sécurité.

Après une présentation de l'état de l'art des protocoles de vote électronique, nous nous sommes intéressés à la propriété d'anonymat. Nous avons proposé une nouvelle technique de distribution des messages dans le réseau des mélangeurs. Cette méthode diminue la probabilité des deux attaques dans l'approche classique : celle de l'attaque d'étiquetage des messages par le premier et le dernier mélangeur du réseau ainsi que celle basée sur la modification du dernier mélangeur de la liste des messages du mélangeur qui le précède. Dans un second temps, nous avons amélioré un protocole de vote électronique basé sur les pairings. Ce protocole de vote électronique en ligne n'utilise pas les réseaux de mélangeurs qui sont réputés être lourds dans leur utilisation. Nous avons présenté une nouvelle technique d'enregistrement des votants. Elle nécessite le déplacement du votant aux bureaux d'enregistrement pour récupérer des paramètres d'authentification et participer par la suite au processus de vote à distance. Nous avons par la suite amélioré la phase de vérification des bulletins en se basant sur l'homomorphisme des pairings et le partage des informations secrètes entre plusieurs autorités. Dans une dernière étape, nous nous sommes intéressés à la propriété de la résistance à la coercition. Nous avons présenté des protocoles de vote électronique qui étaient supposés être résistants à la coercition. Ces protocoles présentent des faiblesses et des attaques de coercition que nous avons relevées. Puis, nous avons présenté un nouveau protocole résistant à la coercition, ayant une complexité linéaire, et qui élimine les inconvénients du protocole de JCJ[53] qui a une complexité quadratique. Enfin, nous avons prouvé que notre protocole est résistant à la coercition.

Perspectives

Concernant notre première contribution au niveau des réseaux de mélangeurs, il serait intéressant d'améliorer la méthode de distribution des messages dans ces réseaux de mélangeurs de manière à ne plus supposer l'existence d'une autorité de confiance. De plus, l'expérimentation et l'implémentation d'une telle approche constituent des axes de travaux futurs intéressants.

Dans l'approche de vote basée sur la cryptographie elliptique, il serait important de concevoir un bulletin de vote plus simple à utiliser pour les votants. Dans ce cas, il serait possible de s'inspirer de la structure des bulletins de vote du système de Three Ballot[66]. De même, garantir la propriété de la résistance à la coercition de ce protocole est un point important. Enfin, l'expérimentation et l'implémentation de ce protocole constituent des axes de travaux futurs intéressants.

Dans le cas de notre protocole de vote à distance basé sur les credentials, il serait intéressant aussi de l'améliorer en vérifiant par exemple, la validité des credentials des votants avant de les traiter dans le réseau de mélangeurs, ce qui réduirait la complexité du protocole. D'un autre côté, la technique du tatouage numérique pourrait constituer une alternative intéressante pour vérifier la validité des credentials. Enfin, il faudrait se pencher sur d'autres propriétés de sécurité, autres que la résistance à la coercition, et implémenter et expérimenter notre protocole.

Bibliographie

[1] M. Abe. Universally verifiable mix with verification work independent of the number of mix servers. volume 1403 of LNCS, Springer-Verlag, pages 437–447, 1998.

[2] M. Abe and H. Imai. Flaws in some robust optimistic mix-nets. volume 2727 of LNCS , Springer-Verlag, pages 39–50, 2003.

[3] A. Acquisti. Receipt-free homomorphic elections and write-in ballots. *Cryptology ePrint Archive*, 2004.

[4] L. V. Ahn, M. Blum, and J. Langford. Telling humans and computers apart automatically. *ACM*, pages 56–60, 2004.

[5] R. Araújo, S. Foulle, and J. Traoré. A practical and secure coercion-resistant scheme for remote elections. In David Chaum, Miroslaw Kutylowski, Ronald L. Rivest, and Peter Y. A. Ryan, editors, *Frontiers of Electronic Voting*, number 07311 in Dagstuhl Seminar Proceedings, Dagstuhl, Germany, 2008.

[6] R. Araújo, N. Ben Rajeb, R. Robbana, J. Traoré, and S. Yousfi. Towards practical and secure coercion-resistant electronic elections. In *CANS 2010*, volume 6467 of LNCS, Springer, pages 278–297, 2010.

[7] D. Boneh. The decision diffie-hellman problem. volume 1423 of LNCS, pages 48–63, 1998.

[8] D. Boneh and X. Boyen. Short signatures without random oracles. volume 3027 of LNCS, pages 56–73, 2004.

[9] D. Boneh, X. Boyen, and H. Shacham. Short group signatures. volume 3152 of LNCS, pages 41–55, 2004.

[10] D. Boneh and M. Franklin. Identity based encryption from the weil pairing. volume 32, No. 3, pages 586–615, 2003.

[11] D. Boneh and P. Golle. Almost entirely correct mixing with applications to voting. *In 9th ACM Conference on Computer and Communications Security CCS'02*, pages 68–77, 2002.

[12] E. F. Brickell. Advances in cryptology. *CRYPTO'92, 12th Annual International Cryptology Conference, Santa Barbara, California, USA , Proceedings*, 740 of LNCS, August 16-20 1993.

[13] C. Cachin and J. Camenisch. Advances in cryptology. *International Conference on the Theory and Applications of Cryptographic Techniques, EUROCRYPT 2004*, 3027, 2004.

[14] C. Cachin, K. Kursawe, and V. Shoup. Random oracles in constantipole : practical asynchronous byzantine agreement using cryptography (extended abstract). In *PODC*, pages 123–132, 2000.

[15] J. Camenisch, S. Hohenberger, M. Kohlweiss, A. Lysyanskaya, and M. Meyerovich. How to win the clone wars : efficient periodic n-times anonymous authentication. In *ACM Conference on Computer and Communications Security*, pages 201–210, 2006.

[16] J. Camenisch and V. Shoup. Practical verifiable encryption and decryption of discrete logarithms. *In CRYPTO*, pages 126–144, 2003.

[17] R. Canetti and R. Gennaro. Incoercible multiparty computation (extended abstract). In *FOCS*, pages 504–513, 1996.

[18] D. Chaum. Untraceable electronic mail, return addresses, and digital pseudonyms. *Communications of the ACM*, pages 84–88, 1981.

[19] D. Chaum. www.punchscan.org, 2005.

[20] D. Chaum, A. Essex, R. Carback, J. Clark, S. Popoveniuc, R. L. Rivest, P. Y. A. Ryan, E. Shen, and A. Sherman. Scantegrity ii : End-to-end voter-verifiable optical scan election systems using invisible ink confirmation codes. *USENIX/ACCURATE EVT 2008*, 2008.

[21] D. Chaum, A. Essex, R. Carback, J. Clark, S. Popoveniuc, A. Sherman, and P. Vora. Scantegrity : End-to-end voter-verifiable optical-scan voting. volume 6(3), pages 40–46, 2008.

[22] D. Chaum and T. P. Pedersen. Wallet databases with observers. In *CRYPTO*, pages 89–105, 1992.

[23] D. Chaum, P. Y. A. Ryan, and S. Schneider. A practical voter-verifiable election scheme. volume 3679 of LNCS, Springer Verlag, pages 118–139, 2005.

[24] J. Cichon, M. Kutylowski, and B. W. glorz. Short ballot assumption and threeballot voting protocol. volume 4910 of LNCS, Springer Verlag, pages 585–598, 2008.

[25] CIVITAS. http ://www.cs.cornell.edu/projects/civitas, Juin 2008.

[26] M. R. Clarkson, S. Chong, and A. C. Myers. Civitas : A secure remote voting system. Technical Report TR2007-2081, Cornell University, May 2007.

[27] M. R. Clarkson, S. Chong, and A. C. Myers. Civitas : Toward a secure voting system. In *IEEE Symposium on Security and Privacy*, pages 354–368, 2008.

[28] M. R. Clarkson and A. C. Myers. Coercion-resistant remote voting using decryption mixes. *Workshop on Frontiers in Electronic Elections*, 2005.

[29] V. Cortier. *Vérification automatique des protocoles cryptographiques*. PhD thesis, École Normale Supérieure de Cachan, France, 2003.

[30] R. Cramer, R. Gennaro, and B. Schoenmakers. A secure and optimally efficient multi-authority election scheme. *EUROCRYPT'97*, pages 103–118, 1997.

[31] S. Delaune and S. Kremer. Spécificités des protocoles de vote électronique. *anr-avote*, *www.lsv.ens-cachan.fr/Projects/anr-avote/RAPPORTS*, Janvier 2009.

[32] S. Delaune, S. Kremer, and F. Klay. Spécification du protocole de vote électronique. *Rapport technique prouvé*, 6, Novembre 2005.

[33] Estonian e-voting system. www.veebik.vm.ee/estonia, Juin 2009.

[34] T. ElGamal. A public key cryptosystem and a signature scheme based on discrete logarithms. *IEEE Transactions on Information Theory*, pages 469–472, 1985.

[35] A. Fiat and A. Shamir. How to prove yourself : Practical solutions to identification and signature problems. In *CRYPTO*, pages 186–194, 1986.

[36] J. Furukawa, H. Miyauchi, K. Mori, S. Obana, and K. Sako. An implementation of a universally verifiable electronic voting scheme based on shuffling. In *Financial Cryptography*, pages 16–30, 2002.

[37] J. Furukawa and K. Sako. An efficient publicly verifiable mix-net for long inputs. In *Financial Cryptography*, pages 111–125, 2006.

[38] T. El Gamal. A public key cryptosystem and a signature scheme based on discrete logarithms. In *CRYPTO*, pages 10–18, 1984.

[39] R. Gennaro, S. Jarecki, H. Krawczyk, and T. Rabin. Secure distributed key generation for discrete-log based cryptosystems. *EUROCRYPT'99*, pages 295–310, 1999.

[40] M. Gogolewski, M. Klonowski, M. Kutylowski, P. Kubiak, A. Lauks, and F. Zagórski. Kleptographic attacks on e-voting schemes. volume 3995 of LNCS, Springer Verlag, pages 494–508, 2006.

[41] J. Groth. A verifiable secret shuffle of homomorphic encryptions. volume 2567 of LNCS, Springer-Verlag, pages 451–465, 2003.

[42] M. Hirt and K. Sako. Efficient receipt-free voting based on homomorphic encryption. In *EUROCRYPT*, pages 539–556, 2000.

[43] M. Jakobsson and A. Juels. Mix and match : Secure function evaluation via cipher-texts. volume 1976 of LNCS, pages 162–177, 2000.

[44] M. Jakobsson and A. Juels. An optimally robust hybrid mix network. *In 20th Annual ACM Symposium on Principles of Distributed Computing, ACM Press*, 2001.

[45] S. Jarecki and A. Lysyanskaya. Adaptively secure threshold cryptography : Introducing concurrency, removing erasures. In *EUROCRYPT*, pages 221–242, 2000.

[46] D. Jefferson, A. D. Rubin, B. Simons, and D. Wagner. Analyzing internet voting security. volume 47(10), pages 59–64, September 2004.

[47] R. Joaquim. A robust electronic voting system. *Proceedings of IADIS International Conference e-Society*, 2005.

[48] R. Joaquim and C. Ribeiro. Code voting protection against automatic vote manipulation in an uncontrolled environment. In *VOTE-ID*, pages 178–188, 2007.

[49] A. Joux. A one round protocol for tripartite diffie-hellman. volume 1838 of LNCS, pages 385–394, 2000.

[50] A. Joux. Advances in cryptology. *EUROCRYPT'09, 28th Annual International Conference on the Theory and Applications of Cryptographic Techniques*, 5479 of LNCS, Springer, April 2009.

[51] A. Juels and J. G. Brainard. Client puzzles : A cryptographic countermeasure against connection depletion attacks. *NDSS*, 1999.

[52] A. Juels, D. Catalano, and M. Jakobsson. Coercion-resistant electronic elections. *Cryptology ePrint Archive*, 2002.

[53] A. Juels, D. Catalano, and M. Jakobsson. Coercion-resistant electronic elections. In *ACM, WPES*, pages 61–70, 2005.

[54] C. Karlof, N. Sastry, and D. Wagner. Cryptographic voting protocols : A systems perspective. *In USENIX Security Symposium*, pages 33–50, 2005.

[55] N. Koblitz. Elliptic curve cryptosystems. volume 48, pages 203–209, 1987.

[56] R. Kuesters, T. Truderung, and A. Vogt. A game-based definition of coercion-resistance and its applications. Cryptology ePrint Archive, Report 2009/582, 2009. http ://eprint.iacr.org/.

[57] B. Meng. A coercion-resistant internet voting protocol. In *ICSNC*, page 67, 2007.

[58] V. Miller. Use of elliptic curves in cryptography. *CRYPTO 85*, 1985.

[59] T. Moran and M. Naor. Receipt-free universally-verifiable voting with everlasting privacy. In *CRYPTO*, pages 373–392, 2006.

[60] C. Neff. A verifiable secret shuffle and its application to e-voting. *In Pierangela Samarati, Proceeding of the 8th ACM Conference on Computer and Communications Security, ACM press Philadelphia USA*, pages 116–125, 2001.

[61] W. Ogata, K. Kurosawa, K. Sako, and K. Takatani. Fault tolerant anonymous channel. volume 1334 of LNCS, Springer-Verlag, pages 440–444, 1997.

[62] T. Okamoto. Provably secure and practical identification schemes and corresponding signature schemes. pages 31–53, 1992.

[63] T. Okamoto. Advances in cryptology. *ASIACRYPT 2000, 6th International Conference on the Theory and Application of Cryptology and Information Security*, 2000.

[64] P. Paillier. Public-key cryptosystems based on composite degree residuosity classes. In *EUROCRYPT*, pages 223–238, 1999.

[65] T. P. Pedersen. A threshold cryptosystem without a trusted party (extended abstract). In *EUROCRYPT*, pages 522–526, 1991.

[66] R. L. Rivest and W. D. Smith. Three voting protocols : Threeballot, vav, and twin. *EVT07 : Proceedings of the USENIX/Accurate Electronic Voting Technology on USENIX/Accurate Electronic Voting Technology Workshop*, page 16, 2007.

[67] R.L. Rivest, A. Shamir, and L.M. Adleman. A method for obtaining digital signatures and public-key cryptosystems. In *Communications of the ACM*, volume 21, pages 120–126, 1978.

[68] A. Rubin. Security considerations for remote electronic voting over the internet. *Communications of the ACM*, 45 (12), 2002.

[69] P. Ryan and S. Schneider. Prêt à voter with re-encryption mixes. *TECHNICAL REPORT SERIES, University of Newcastle, No. CS-TR-956*, April 2006.

[70] C. P. Schnorr. Efficient signature generation by smart cards. volume 4, pages 161–174, 1991.

[71] J. Schweisgut. Coercion-resistant electronic elections with observer. *Robert Krimmer, editor, Electronic Voting*, pages 171–177, 2006.

[72] A. Shamir. Identity-based cryptosystems and signature schemes. volume 196 of LNCS, Springer, pages 47–53, 1985.

[73] V. Shoup. Sequences of games : a tool for taming complexity in security proofs. Cryptology ePrint Archive, Report 2004/332, 2004. http ://eprint.iacr.org/.

[74] D. Smith. New cryptographic voting scheme with best-known theoretical properties. In *Workshop on Frontiers in Electronic Elections, FEE'05*, Milan, Italy, September 2005.

[75] J. Stern. Advances in cryptology. *EUROCRYPT 99, International Conference on the Theory and Application of Cryptographic Techniques, Prague, Czech Republic*, 1592 of LNCS, May 1999.

[76] TOR. The solution : a distributed, anonymous network. *https ://www.torproject.org/about/overview.html.en*.

[77] J. Traoré. Are blind signatures suitable for on-line voting. *Proc. of Workshop Frontiers in Electronic Elections, FEE'05, Milan, Italy*, 2005.

[78] P. Udaya, S. Narayan, and V. Teague. A secure electronic voting scheme using identity based public key cryptography. *Proceedings of SAR-SSI 2007*, 2007.

[79] D. Unruh and J. M. Quade. Universally composable incoercibility. Cryptology ePrint Archive, Report 2009/520, 2009. http ://eprint.iacr.org/.

[80] J. v. d. Graaf. Merging pret-a-voter and punchscan, 2007.

[81] D. Wagner. Top-to-bottom review. *top-to-bottom report conducted by Secretary of State Debra Bowen of many of the voting systems certified for use in California*, 2007.

[82] H. Wang, Y. Zhang, and D. Feng. Short threshold signature schemes without random oracles. In *INDOCRYPT*, pages 297–310, 2005.

[83] S. Weber. *A Coercion-Resistant Cryptographic Voting Protocol-Evaluation and Prototype Implementation*. PhD thesis, Darmstadt University of Technology Department of Computer Science Cryptography and Computeralgebra, Darmstadt Germany, 2006.

[84] S. G. Weber, R. Araújo, and J. Buchmann. On coercion-resistant electronic elections with linear work. In *2nd Workshop on Dependability and Security in e-Government (DeSeGov 2007) at 2nd Int. Conference on Availability, Reliability and Security ARES'07*, pages 908–916. IEEE Computer Society, 2007.

[85] D. Wikstrom. Five practical attacks for "optimistic mixing for exit-polls". volume 3006 of LNCS, pages 160–174, 2003.

[86] D. Wikstrom. *On the Security of Mix-Nets and Hierarchical Group Signatures.* PhD thesis, KTH, Numerical Analysis and Computer Science, Stockholm, Sweden, 2005.

[87] S. Yousfi, A. Bonnecaze, and R. Robbana. Apport de la cryptographie elliptique dans le vote électronique. *In the Third International Conference on Risks and Security of Internet and Systems, CRISIS'08,* Octobre 28-30 2008.

[88] S. Yousfi, H. Boussetta, W. Chaabene, N. Ben Rajeb, and R. Robbana. A message distribution technique in mix-nets. *Sixth International Conference on Dependability and Computer Systems DepCoS-RELCOMEX 2011,* 2011.

[89] S. Yousfi, N. Ben Rajeb, and R. Robbana. Préservation de l'anonymat dans le vote électronique. *Génie Electrique Et Informatique, GEI'07,* Mars 19-21 2007.

[90] S. Yousfi, N. Ben Rajeb, and R. Robbana. Technique de distribution des messages dans le réseau de mélangeurs. *Workshop international sur La sécurité Informatique et le Vote ElecTrOnique, VETO'08,* Mars 2008.

[91] S. Yousfi, N. Ben Rajeb, and R. Robbana. Utilisation des pairings pour l'authentification d'un votant dans un contexte de vote électronique. *WIA'08,* Novembre 24-26 2008.